古典文獻研究輯刊

三八編

潘美月・杜潔祥 主編

第52冊

湖北出土楚國卜筮祭禱簡校注及英譯

朱曉雪、郭珏 著

國家圖書館出版品預行編目資料

湖北出土楚國卜筮祭禱簡校注及英譯／朱曉雪、郭珏 著 --
初版 -- 新北市：花木蘭文化事業有限公司，2024〔民 113〕
序 4+ 目 2+198 面；19×26 公分
（古典文獻研究輯刊 三八編；第 52 冊）
ISBN 978-626-344-755-4（精裝）
1.CST：易占 2.CST：簡牘文字 3.CST：研究考訂 4.CST：注釋
011.08   112022616

ISBN-978-626-344-755-4

9 786263 447554

古典文獻研究輯刊
三八編　第五二冊   ISBN：978-626-344-755-4

湖北出土楚國卜筮祭禱簡校注及英譯

作　　者　朱曉雪、郭珏
主　　編　潘美月、杜潔祥
總 編 輯　杜潔祥
副總編輯　楊嘉樂
編輯主任　許郁翎
編　　輯　潘玟靜、蔡正宣　美術編輯　陳逸婷
出　　版　花木蘭文化事業有限公司
發 行 人　高小娟
聯絡地址　235 新北市中和區中安街七二號十三樓
　　　　　電話：02-2923-1455／傳真：02-2923-1452
網　　址　http://www.huamulan.tw 信箱 service@huamulans.com
印　　刷　普羅文化出版廣告事業
初　　版　2024 年 3 月
定　　價　三八編 60 冊（精裝）新台幣 156,000 元　　版權所有‧請勿翻印

湖北出土楚國卜筮祭禱簡校注及英譯

朱曉雪、郭珏 著

作者簡介

朱曉雪，吉林大學古文字學博士，華僑大學文學院副教授，美國哥倫比亞大學訪問學者，研究專長為古文字學、出土文獻學。在《江漢考古》、《中國國家博物館館刊》、《簡帛》、《古文字研究》、《中國文字》等刊物發表多篇學術論文。已出版專著《包山楚簡綜述》、《朱子福建題刻集釋研究》，其中《包山楚簡綜述》一書榮獲福建省第十一屆社會科學優秀成果獎三等獎、2011～2013年度福建省優秀出版物（圖書）獎、第十七屆華東地區古籍優秀圖書獎二等獎。

郭珏，北京大學哲學學士（2001），美國威斯康辛大學‧麥迪遜分校古代中國歷史、思想和宗教學博士（2008）。目前任教於美國博敦學院（Bowdoin College）歷史系和亞洲學，曾在德國海德堡大學（Universität Heidelberg, 2012～13）、美國紐約大學古代世界研究所（ISAW, NYU, 2015～16），及北京大學（2017）任訪問學者。研究方向為早期中國歷史，運用考古資料和歷史文獻（包括出土文獻）對中國古代南方，尤其是江漢地區的歷史、社會和文化進行長時段研究。最近的學術發表包括 "Western Han Funerary Relocation Documents and the Making of the Dead in Early Imperial China, (*Bamboo and Silk*, 2019) The Life and Afterlife of a Western Han Covered Mirror from the Tomb of Marquis of Haihun (59 B.C.E.) (*Journal of Chinese History*, 2019), Water, Earth, and Fire: The Making of Riverine Communities in the Greater Jiang Han Region of Central China (4th-3rdmillennia BCE) (*Oxford Handbook of Cognitive Archaeology*, 2023, co-authored with Camilla Sturm)

提　　要

目前，湖北境內出土楚卜筮祭禱簡的墓葬，按發掘時間先後，主要有望山M1號墓（1965）、天星觀M1號墓（1978）、包山M2號墓（1986～1987）、秦家嘴M1、M13、M99號墓（1986～1987）、丁家嘴M2號墓（2009）、嚴倉M1號墓（2009～2010）、望山橋M1號墓（2013～2015）、唐維寺M126號墓（2019）、熊家灣M43號墓（2019）、和彭家灣M183、M264號墓（2020～2021）。這些卜筮祭禱簡具有極高的學術價值，是研究戰國時期楚國文化、風俗的珍貴資料。本書根據學界最新的研究成果，對湖北出土的楚國卜筮祭禱簡進行整理和研究，重新釋寫釋文，對重要字句加以注釋，並對簡文進行了白話翻譯。同時，為方便國外學者使用以及國內外學者交流，我們還對簡文的原文進行了英譯。

2019 年全國高校古籍整理研究工作委員會直接資助項目「湖北出土楚國卜筮祭禱簡校注及英譯」，批准編號 1973。

序　一

　　本書的寫作緣起可以追溯到 2016 年 12 月，我應郭珏老師的邀請，到美國哥倫比亞大學進行為期一年的訪學。訪學期間除了旁聽一些課程之外，我和郭老師每週都約見一次，圍繞包山楚簡進行討論，雨雪不誤。我們對簡文逐條進行細緻的研讀，交流意見，郭老師說自己在古文字學方面沒有專門的訓練，接觸之後，才知郭老師十分謙虛，她對簡文內容常有獨到的見解，令我受益匪淺。

　　訪學期間，我深刻地感受到國外有很多學者對古文字、出土文獻感興趣，並致力於相關方面的研究。同時，我也注意到有些人在閱讀中文材料時會遇到一些困難。因此，我萌生了重新整理包山楚簡釋文，並找人合作將其翻譯成英文的想法，第一人選自然就是郭珏老師。我將這一想法告訴郭老師，郭老師也覺得這是有益學界的事。

　　回國之後，因個人身體原因，所以並沒有將此事付諸實踐。後來在開會期間，遇到了吳振武師，閒談之際，吳師問我在做什麼研究。其實我是無作為的，但又不敢實話實說，只好硬著頭皮把整理和翻譯的計劃說了一下，吳師鼓勵我說這項工作是有意義的，並給我了一些建議。2019 年，經過反復的思考，我將材料定為自己比較熟悉的湖北出土的楚國卜筮祭禱簡，以此申請了全國高校古籍整理研究工作委員會直接資助項目，並獲得立項。

　　箭在弦上，不得不發。和郭老師商討之後，由我先重新整理釋文、做注釋並將簡文內容翻譯成白話文，在此基礎上再由郭老師進行英譯。此外，郭老師對湖北出土的墓葬情況十分了解，對墓葬及所出竹簡的介紹也由她撰寫。因為我和郭老師有各自的教學任務和事情，書稿到如今才算最終完成。

　　在撰寫的過程中，我們對湖北出土的卜筮祭禱簡進行再次研讀，雖然談不上推動研究進展，但也略有收穫。我們釋讀出一些未釋字，更正了一些錯釋字，對包山簡中的「凡此蔽既盡移」「移故蔽」進行了深入分析，對卜筮祭禱簡中「以其故說之」中「說」的意義進行了重新解讀，在一些簡文的排序和拼合方面也做了一些新的工作。本書的出發點是想做一本簡潔的、方便閱讀的讀本，因此，這些觀點大多以結論的方式直接通過釋文或注釋體現出來。

　　因為是初次嘗試，擔心材料體量過大，不好把握，所以我們並未將新蔡葛陵楚簡納入研究範圍。但在研究過程中，還是會涉及到新蔡葛陵楚簡，因為對楚國卜筮祭禱簡進行研究，一定要有整體觀念，只以單批簡文為研究對象，得出的結論會很片面，可信度也會受到影響。後續如果有時間和精力，我們會繼續完成新蔡葛陵楚簡的重新整理和英譯。

　　最後，承蒙花木蘭出版社的支持，本書得以出版，希望小書能夠給國內外的研究者和使用者帶來些許便利，能夠成為國內外學者交流的橋樑和媒介。

朱曉雪

2023 年 7 月 30 日

序 二

　　我對楚地出土的卜筮祭禱簡的研究始於我的博士論文（美・威斯康星大學・麥迪遜分校，2008 年），題目為「Reconstructing Fourth-century B.C.E. Chu Religious Practices: Divination, Sacrifice, and Healing in the Newly Excavated Baoshan Manuscripts」「重建公元前四世紀楚地宗教實踐：包山楚簡中的占卜、祭祀和治療」。在博士論文的附錄中我將包山 M2 號墓中出土的 56 枚卜筮祭禱簡分為 26 組記錄進行了詳細的英文注譯。博士論文完成後，一方面因為其他的研究工作和教學繁忙之故遲遲沒有進一步修改出版；另一方面我也一直在思考如何將考古發現帶來的日益增多的卜筮祭禱簡（從 2008 年論文完成時已發表或已知的 5 批到本書收錄截止 2023 年上半年已達 11 批之多）作為同一文類（genre）和戰國時期楚地宗教實踐的記錄進行綜合研究及翻譯。所以儘管我一直都在關注這類記錄，並在其他的研究和發表中運用到這類楚卜筮祭禱記錄，如我撰寫的「Divination」（*The Blackwell Companion to Chinese Religions*, 2012）和「The Spirit World」（*Routledge Handbook of Early Chinese History*, 2018），但是真正重新檢視包山楚簡並開始全面修改早年的卜筮祭禱記錄翻譯的機緣來自朱曉雪老師來美訪學的一年（2016～2017）。

　　1986 年發現的包山楚簡是 20 世紀後半葉完全經由中國現代考古科學發掘，出土於保存完好的大型楚貴族墓葬的幾批重大發現之一，且墓葬和竹簡材料已全部整理出版。其楚官文書類簡至今仍是唯一的在楚政治文化核心區內的大宗發現，而其卜筮祭禱簡也是此類記錄發現中保存最為完整、格式和語言最為清楚的一批，為我們研究戰國時期楚地的占卜傳統、祭祀實踐、和廣義的社會生活提供了良好的基礎。但是包山楚簡也因其發現的單一性在進一步的文字釋讀、文意理解、和楚史重建等方面難度頗高。自 1991 年發表以來大部

分的研究都還是以基礎性的文字釋讀和局部性的文獻考察為主，朱曉雪老師的《包山楚簡綜述》（2013）是繼武漢大學陳偉教授的經典之作《包山楚簡初探》（1996）出版以來對包山楚簡進行最為全面集釋的專著。在朱老師訪學期間，我有幸得以每週與她一起讀簡、探討。朱老師扎實的古文字學專業訓練和對楚簡材料的熟悉使得我對包山楚簡包括卜筮祭禱簡的認識更加深入，朱老師訪學結束時也參照她再次整理的新釋文完成了對包山卜筮祭禱記錄英文翻譯的第一次全面修改。因此 2019 年當朱老師提出合作對湖北境內（即戰國時期楚政治文化核心區）出土的卜筮祭禱簡進行重新校釋和全文翻譯時，我欣然答應。

在合作期間，朱老師對已知的湖北出土的卜筮祭禱簡釋文的重新整理和校注，尤其是對一直沒有正式發表的天星觀 M1 簡文和 2019 年以來在荊州棗林鋪古墓群最新出土的幾批簡文的釋讀，極大地幫助了我對這類卜筮祭禱記錄的格式、術語、及性質進行進一步的思考，這些都在我的英文翻譯中有所體現。但是需要說明的是，鑒於本書的出版語言和面向的主要讀者群是中文使用者，朱老師和我最終商定英文翻譯部分只提供卜筮祭禱記錄原文的全文翻譯以便於讀者對照閱讀或快速查閱，而英文翻譯通常帶有的詳細注釋（annotation）及閱讀導論和參考書目則放在我們計劃中本書的英文姊妹篇日後出版。儘管如此，正如朱老師在她的序言末所說，我們還是希望這本小書能夠給使用中英文的學者及對這類楚地出土卜筮祭禱記錄有興趣的讀者帶來使用的便利。

最後，我要衷心地感謝我的合作者朱曉雪老師，她扎實的文字研讀和釋文，及她對不同學科和不同學術傳統的開明態度和耐心，是這本書得以成型和出版的基石。我還想感謝在本書的準備過程中，尤其是就 2019 年以來新出土的卜筮祭禱簡材料及其墓葬發掘信息及時給予遠在美國，且因百年不遇的新冠疫情長期無法回中國的我極大幫助的湖北棗林鋪墓地考古項目負責人趙曉斌先生（荊州博物館）。此外，加州大學伯克利分校東亞系的齊思敏教授（Mark Csikszentmihályi）和哈佛大學博士候選人顧覺民先生（Benjamin Gallant）在百忙之中通讀和校閱了本書收錄的十批卜筮祭禱簡的英文翻譯，為我提供了許多有益的修改建議，讓我避免了很多錯誤，也使我的英文翻譯更加自然順暢，當然，其中遺留的問題和錯誤則由我完全擔責。

郭珏

2023 年 8 月 14 日

目

次

凡　例

　　1. 本書收錄的湖北境內出土的楚國卜筮祭禱簡出自包山 M2 號墓、望山 M1 號墓、望山橋 M1 號墓、嚴倉 M1 號墓、彭家灣 183 號墓、彭家灣 264 號墓、唐維寺 M126 號墓、熊家灣 M43 號墓、天星觀 M1 號墓、秦家嘴 M1 號墓、秦家嘴 M13 號墓及秦家嘴 M99 號墓。

　　2. 本書收錄的文獻資料截止到 2023 年 6 月。

　　3. 異體字、通假字隨文用（ ）注出通行字；錯字用〈 〉注出正確的字；衍文用 { } 表示；簡文殘斷用☑表示；殘斷處擬補的文字用〔 〕表示；模糊不清的字用□表示，一字對應一個□，字數無法確定的用……表示；根據文意判斷有漏寫的字用【 】表示。同一支簡，文字之間有較大距離的空白用▭▭▭標註。

　　4. 沒有正式發表的竹簡，因未見原簡，殘斷情況不知，所以暫不加☑，殘斷處擬補和根據文意判斷有漏寫的簡文都用〔 〕表示。學者用通行字釋寫的釋文，暫時根據楚國卜筮祭禱簡中常見的用字習慣進行嚴格隸定，具體字形有待材料的正式發表。

　　5. 對於字句的注釋，基本取得共識的觀點，不標註出處。未能達成一致的，在選取觀點時會標註作者及文章發表年份，具體信息見對應的參考書目。作者為多家單位或機構時，直接引用文章或著作的名稱。

　　6. 釋文不包括掛畫。前一批次竹簡中注釋的字詞，下一批次再出現時，一般不再注釋。

　　7. 每一批竹簡的注釋中，引用原整理者的意見時，均稱為「整理者」。

8. 引用諸家文章時，使用繁體字的按原文照錄，使用簡化字的則按對應關係統一轉化為繁體字。

9. 為行文方便，引用學者觀點時不加「先生」，敬祈見諒。

Symbols used in English Translations

〖number〗 the slip number at the end of a slip as given by the excavators and/or editors

〖number-r〗 the front side (recto) of an inscribed slip on both sides

〖number-v〗 the back side (verso) of an inscribed slip on both sides

() pinyin romanization of translated key terms or interpretative information

〔 〕 supplementary information for syntactic and/or contextual clarity

<> added missing information or correcting scribal errors

X indicating an illegible or undeciphered graph

(?) indicating uncertain reading or interpretation

… indicating broken slips and slip fragments

☐☐☐☐ a long space separating textual units on the original bamboo slips

壹、概述

　　學界習稱為卜筮祭禱簡的墓葬文獻是一類完全因為現代考古發掘而重現於世的戰國中晚期楚地〔註1〕特有的卜筮祭禱記錄。從 1965 年在湖北荊州望山 M1 號墓出土的第一批卜筮祭禱簡開始，截止至 2023 年上半年，明確有卜筮祭禱簡出土的楚地墓葬已達 16 座，其中 15 座位於今湖北省境內（亦暨戰國中後期楚政治和文化核心區）。〔註2〕卜筮祭禱簡文本身年代最早的一批（約為公元前四世紀初暨戰國中期）則於 1994 年在今河南省境內的新蔡葛陵 M1

〔註1〕學者對如何界定「楚」常常有不同的見解，對諸如「楚地」、「楚國」、「楚文化」等概念是否能夠互換使用或者在什麼條件下可以互換使用也是見仁見智，因此這裡有必要對本概述使用的「楚地」做一個簡要的解釋。《楚地出土戰國簡冊〔十四種〕》的前言把「楚地」定義為「楚人控制區域」（陳偉等著：北京，經濟科學出版社，2009 年，第 1 頁），對於其書收錄的簡冊，尤其是要強調簡冊的諸侯國別屬性時，這個定義是清晰的。我們使用「楚地」的角度略有不同，我們認為楚地是一個長時段、歷史性的地域概念，因此在下面的概述中，「楚地」主要指公元前一千紀這個時間段內的江漢和江淮流域，即包括今天的河南省西南部、陝西省東南部、湖北全省、湖南省北部及安徽南部和江西省西北部在內的廣大區域。顯然，在本書收錄的湖北出土的卜筮祭禱簡的時代範圍（戰國中後期）內，楚地與政治層面的楚國概念、社會文化（包括物質文化）層面的楚文化圈概念、及古文字學定義下的楚文字圈概念均有交叉，但是其地域性質對我們最為重要。為避免不必要的混淆，除少數幾處使用「楚地」或「楚政治文化區」之外，我們對這些簡文及其出土墓葬的介紹以今天的中華人民共和國行政地理區域為準，但是在中文校註部分則尊重所用參考文獻本身的用法，不予以統一，望讀者理解。

〔註2〕除了本書介紹和提及的 14 座湖北境內出土卜筮祭禱簡墓葬之外，據棗林鋪考古發掘項目負責人趙曉斌透露，棗林鋪古墓群內的熊家灣墓地除了 M43 號墓之外，編號為 M76 的墓葬亦有發現數枚卜筮祭禱簡，因其具體信息尚未發表，本書暫不收錄。

號墓出土，因其較早的年代、出土地點非楚政治文化核心區、及墓葬被盜掘造成的竹簡嚴重殘斷等因素，新蔡葛陵出土的這批卜筮祭禱簡本書沒有收錄，有待日後再做校註和翻譯。

本書以湖北出土的公元前四世紀後半暨戰國中期晚段的卜筮祭禱簡為中心。目前，湖北境內出土卜筮祭禱簡的墓葬，按發掘時間先後，主要有望山 M1 號墓（1965）、天星觀 M1 號墓（1978）、包山 M2 號墓（1986～1987）、秦家嘴（舊作咀）M1、M13、M99 號墓（1986～1987）、丁家嘴（舊作咀）M2 號墓（2009）、嚴倉 M1 號墓（2009～2010）、望山橋 M1 號墓（2013～2015）、唐維寺 M126 號墓（2019）、熊家灣 M43 號墓（2019）、及彭家灣 M183 和 M264 號墓（2020～2021）。這些墓葬，除丁家嘴 M2 號墓之外，所處地理位置相距不遠，全部分佈在以戰國中晚期楚都遺址紀南城（今荊州市荊州區）為中心周邊 20 公里範圍內。墓葬形製從大型有封土和墓道的高等級貴族墓到「邦墓地」的中小型墓皆有代表。墓葬的封閉時間集中於戰國中期後段到戰國後期的公元前四世紀後半段。這些卜筮祭禱記錄的格式和語言呈現高度的一致性，還有數位貞人同時出現在多批隨葬的卜筮祭禱記錄中，比如貞人范獲志出現在望山 M1，天星觀 M1，秦家嘴 M99，和彭家灣 M183 四批記錄之中，其他貞人如魏豹（望山 M1 和秦家嘴 M13），苛慶（秦家嘴 M13 和 M99），義懌（天星觀 M1 和望山橋 M1），及觀朋（包山 M2 和嚴倉 M1）也同時出現在兩批記錄中。總體來看，這些信息都指向了此類記錄背後的卜筮祭禱實踐在戰國中後期楚政治文化區內相對廣泛的傳播，及被楚地精英社會內部的不同階層所接受的歷史現象。因此，這類考古發現的卜筮祭禱記錄對我們理解和重建戰國時期楚地的宗教信仰世界和社會生活有重要的史料價值，有必要對它們進行校注和翻譯（白話文和英文），以方便專家學者和有興趣的讀者各取所需。

本書共收錄包山、望山、天星觀、秦家嘴（3 批）、丁家嘴、嚴倉、望山橋、唐維寺、熊家灣、和彭家灣（2 批）等已知的 10 種材料（已發表和部分發表）。此外，2010 年在湖北荊門市沙洋縣的塌冢 M1 墓發掘時，頭箱內發現竹簡 17 枚，其中有字竹簡 1 枚。墓葬轉入室內清理時共發現竹簡 25 枚，有文字者 13 枚，大部分殘斷嚴重。整理者認為一部分似屬古書，另有部分簡文似屬於喪葬類文書。〔註3〕沙洋塌冢 M1 墓部分簡文也許和卜筮祭禱有關，例如

〔註 3〕湖北省文物局、湖北省南水北調管理局編著：《沙洋塌冢楚墓》，北京：科學出版社，2017 年，第 123～124 頁。

3 號簡「以其亡母之故,今日」、5 號簡「己北進□祀,薦(荐)以之酉(酒)父己」,但目前還無法確定,所以本書暫不收錄。

為方便國內外的讀者對照使用,本書分為兩大部分,第一部分為湖北出土的 10 批卜筮祭禱簡的中文校註(包括白話文翻譯),第二部分為這 10 批卜筮祭禱簡原文的全文英文翻譯。在排列順序上,包山 M2 號墓的卜筮祭禱簡保存最為完好,便於讀者了解這類記錄的格式和語言,所以放在諸批簡文之先,其他材料則按照出土發掘時間的先後排列。在中文校註部分,每批簡文材料先列釋文,根據學界的最新研究成果,更正了此前的一些錯釋字,釋讀出部分未釋字,並對一些斷簡進行了拼合(詳見下面各批簡文介紹),並對重要字詞和疑難字詞進行注釋,尚有爭議之處則徵引多家觀點,以備參考,最後附以白話譯文。卜筮祭禱簡的英文翻譯部分僅提供全文翻譯,不加注釋,方便快速查閱。

接下來,我們對每批簡文按照本書收錄的順序做一個簡要的介紹,以方便讀者對竹簡出土墓葬的情況和各批竹簡的保存狀況有基本的了解。

一、包山 M2 號墓卜筮祭禱簡

包山 M2 號墓是 1986～1987 年湖北省荊沙鐵路考古隊為配合荊(門)一沙(市)地方鐵路建設在今荊門市十里鋪鎮王場村勘探發掘的。這片當地村民稱為包山的崗地屬於 1956 年湖北省公佈的省級文物保護單位十里鋪古墓群。崗地南距戰國時期楚都遺址紀南城 16 公里,墓葬群包括五座戰國中後期墓葬(M1,M2,M4,M5,M6)和三座漢代墓葬(M3,M7,M8),發掘者推測是一處家族墓地。其中編號為 M2(俗稱包山大塚)的是墓地中規模最大、保存最完好的墓葬。M2 位於崗地中部,位置稍偏東,其南部緊鄰 M1。M2 有保存較好的大型封土和東向斜坡墓道一條,長方形墓坑有十四級夯土臺階,墓坑底部中間有一腰坑,葬有一幼山羊,有一盜洞但未及槨室。葬具為二槨三棺,內槨分五室,出土隨葬器物共計 1,935 件(不含竹簡)。彩繪內棺內墓主骨架保存完好,仰身直肢,頭東足西,據人骨鑒定為男性,死亡年齡約為 35 至 40 歲。

包山 M2 號墓共出土竹簡 448 枚(包括空白簡),竹牘 1 枚,分別出自內槨東室、南室、西室和北室,出土時竹簡編繩腐爛,但在各室原放置位置變化不大,部分竹簡簡背有劃線。竹簡內容包括文書、卜筮祭禱記錄和遣策。其中卜筮祭禱記錄共 54 枚,發表時編號為 197～250。據出土竹簡和竹牘內容,墓

主為卜筮祭禱記錄中的楚昭王（公元前 515 年～489 年在位）後裔，名為昭𨕊，是以昭為氏的楚王室貴族，離世前官居左尹，下葬於公元前 316 年。在目前已知的卜筮祭禱記錄中，包山 M2 號墓的竹簡保存最為完好，內容亦較為豐富，墓葬發掘報告和出土竹簡內容也已經全部正式發表於《包山楚墓》和《包山楚簡》。〔註4〕

二、望山 M1 號墓卜筮祭禱簡

望山 M1 號墓是 1965 年冬在湖北省荊州地區配合漳河水庫（屬荊門市）修建渠道工程的文物勘探中發現的，也是湖北境內採用近代考古學的科學方法對戰國時期墓葬進行的首次較大規模發掘。望山墓地處於八嶺山東北麓一片較為平坦的崗地上，其東南距戰國時期楚都遺址紀南城約 7 公里。望山 M1 是一座中型豎穴土坑墓葬，有封土和一條東向斜坡墓道，長方形墓坑有五級生土臺階，無腰坑。葬具為一槨二棺，槨分三室（頭箱、邊箱和棺室），出土隨葬器物共計 783 件（包括竹簡）。弧形內棺中墓主仰身直肢，頭東足西，據人骨鑒定為男性，死亡年齡約為 25 至 30 歲。

望山 M1 號墓竹簡均出自邊箱東部，由於槨室裡積水的浮動與漆木器的疊壓，且編繩均已腐爛，出土時所有竹簡均已殘斷，無一完整，保存狀況不佳。殘簡最長的為 39.5 釐米，最短的僅有 1 釐米餘，一般多在 10 釐米以下，經拼接後最長的為 52.1 釐米，一般長度在 15 釐米左右。拼接後竹簡編號為 207 枚，內容為卜筮祭禱記錄和遣策。據出土竹簡內容，墓主為卜筮祭禱記錄中的悼固，是以悼為氏的楚王族，推測為楚悼王（公元前 401 年～381 年在位）的曾孫。為悼固占卜的貞人之一范獲志亦出現在之後出土的天星觀 M1、秦家咀 M99、及彭家灣 M183 卜筮祭禱記錄中，將這些墓葬墓主的生活世界聯繫起來，並將他們生活年代限定在貞人范獲志的職業生涯範圍內。整理者據望山 M1 號墓的墓葬形制、隨葬器物和竹簡內容，推測為墓葬年代為戰國晚期前段（即公元前四世紀後半段）。

望山 M1 號墓出土竹簡和考古發掘報告已經全部正式發表於《望山楚簡》〔註5〕和《江陵望山沙塚楚墓》。〔註6〕關於竹簡的拼合，商承祚《戰國楚竹簡

〔註 4〕湖北省荊沙鐵路考古隊：《包山楚墓》，北京：文物出版社，1991 年。湖北省荊沙鐵路考古隊：《包山楚簡》北京：文物出版社，1991 年。

〔註 5〕湖北省文物考古所、北京大學中文系：《望山楚簡》，北京：中華書局，1995 年。

〔註 6〕湖北省文物考古所：《江陵望山沙塚楚墓》，北京：文物出版社，1996 年。

彙編》〔註7〕、淺原達郎《望山一號墓竹簡の復原》〔註8〕、《楚地出土戰國簡冊〔十四種〕》〔註9〕以及《楚地出土戰國簡冊合集（四）》〔註10〕等多有討論。本書則將 9 號簡和 53 號簡拼合，52 號簡和 175 號簡拼合，66 號簡和 153 號簡拼合，91 號簡和 100 號簡拼合，151 號簡和 200 號簡拼合，15 號簡、9 號簡和 113 號簡拼合，190 號簡、192 號簡和 92 號簡拼合。此外，145 號簡、146 號簡和 206 號簡疑屬遣策，本書不做收錄。

三、天星觀 M1 號墓卜筮祭禱簡

天星觀 M1 號墓是 1978 年 1 月至 3 月間由荊州地區博物館在江陵縣（今荊州市沙市區）觀音壋鎮五山大隊（今天星觀村）搶救發掘的。M1 號墓位於戰國時期楚都遺址紀南城以東的長湖湖灘崗地上，是五個大土塚（俗稱「五山」）中最大的一個，緊鄰長湖。發掘前 M1 墓葬封土的五分之二及填土的一部分已經崩垮。M1 有南向斜坡墓道一條，長方形墓坑有十五級臺階。墓口平面發現規整的橢圓形盜洞，在盜洞底部盜墓者用六層圓木壘砌了四方形井架，並遺留下鐵質盜墓工具及陶器。M1 槨分七室，因盜洞深入槨室，其中六室被盜擾，僅北室遺物保存完好。M1 葬具為一槨三棺，盜墓者移動了內棺蓋到一側，棺內尸骨無存。儘管 M1 被盜擾嚴重，殘存遺物仍有 2,440 餘件（包括竹簡）。

M1 竹簡發現於槨西室，部分放在竹笥內，保存完好；部分夾在漆皮中，壓在兵器桿下，且為盜墓者踐踏或攜出墓外，殘斷過甚，很難拼合復原。竹簡內容分為卜筮祭禱記錄和遣策。經拼綴，共有整簡 51 枚，殘簡 355 枚，其中 15 枚無字，卜筮祭禱記錄完整無缺的有 50 枚，殘簡 111 支。遣策完整的僅 1 枚，殘簡 244 枚。〔註11〕據竹簡內容推測墓主為卜筮祭禱記錄中的邸陽君番

〔註7〕 商承祚：《戰國楚竹簡彙編》，濟南：齊魯書社，1995 年。

〔註8〕 淺原達郎：《望山一號墓竹簡の復原》，《中國の禮制と禮學》，京都：朋友書店，2001 年。

〔註9〕 陳偉主編：《楚地出土戰國簡冊〔十四種〕》，北京：經濟科學出版社，2009 年。

〔註10〕 武漢大學簡帛研究中心、湖北省文物考古研究所、黃岡市博物館編著：《楚地出土戰國簡冊合集（四）》，北京：文物出版社，2019 年。

〔註11〕 王明欽：《湖北江陵天星觀楚簡的初步研究》，北京大學碩士學位論文，1989 年。按注：天星觀 M1 的發掘簡報提供的竹簡初步信息為「整簡七十餘枚，其餘殘斷，共計約 4500 餘字，字跡大部分清晰」（《江陵天星觀 1 號楚墓》，《考古學報》1982 年第 1 期，第 109 頁）。簡報提供的竹簡信息與王明欽 1989 年碩士論文即我們這裡採取的竹簡信息之間的差異可能有發掘出土時的初步記

勝，是以番（故番國）為氏的非楚王室貴族。為番勝占卜的貞人之一范獲志亦出現在望山 M1、秦家咀 M99、及彭家灣 M183 卜筮祭禱記錄中。發掘者據天星觀 M1 號墓的墓葬形制、隨葬器物和卜筮祭禱竹簡內容，推測墓葬年代為戰國晚期前段（即公元前四世紀後半段）。

　　天星觀 M1 墓葬發掘簡報《江陵天星觀 1 號楚墓》已於 1982 年發表。〔註12〕M1 出土竹簡至今尚未正式發表，部分單字摹本及相關辭例見於滕壬生《楚系簡帛文字編》（1995）及修訂本（2008）。〔註13〕王明欽的 1989 年北京大學碩士論文《湖北江陵天星觀楚簡的初步研究》是最為值得重視的資料，因為論文中收錄的竹簡釋文的「大部分的整理工作都是依據照片進行的」。需要注意的是，滕壬生《楚系簡帛文字編》中的一些辭例，王明欽的釋文中並沒有。晏昌貴根據《楚系簡帛文字編》字形進行輯校的《天星觀「卜筮祭禱」簡釋文輯校》一文中也更正了一些文字的釋讀。〔註14〕許道勝《天星觀 1 號楚墓卜筮禱祠簡釋文校正》一文也對卜筮祭禱簡釋文重新進行了校正。〔註15〕

　　在天星觀 M1 竹簡順序排列方面我們認為可按照紀年時間的先後和卜筮祭禱簡的結構重新排列，但因未見竹簡原貌，本書仍按王明欽 1989 年釋文編號排列。其中我們重新拼合了 43 號簡和 156 號簡，80 號簡和 117 號簡。此外，從內容上看，115 號簡和 116 號簡均適合拼合在 78 號簡後面，所以暫不做拼合。

四、秦家嘴 M1、M13、M99 號墓卜筮祭禱簡

　　秦家嘴墓地的 M1、M13、M99 號墓是 1986 年 5 月至 1987 年 6 月荊沙鐵路考古隊為配合荊（州）沙（市）鐵路工程在位於江陵（今荊州市荊州區）廟湖魚場所轄的秦家嘴鐵路線段上發掘的。秦家嘴墓地位於戰國時期楚都遺址紀南城東側雨台山南段餘脈的丘陵地帶，北起龍會河，東、南、西側被廟湖環

　　　　錄和後續整理編聯之間的差異，亦不能完全排除部分出土時完整的竹簡後來殘斷的可能性。

〔註12〕湖北省荊州地區博物館：《江陵天星觀 1 號楚墓》，《考古學報》1982 年第 1 期，第 71～116 頁；圖版 7～26。

〔註13〕滕壬生：《楚系簡帛文字編》，武漢：湖北教育出版社，1995 年。滕壬生：《楚系簡帛文字編（增訂本）》，武漢：湖北教育出版社，2008 年。

〔註14〕晏昌貴：《天星觀「卜筮祭禱」簡釋文輯校》，《楚地簡帛思想研究（二）》，武漢：湖北教育出版社，2005 年，第 265～298 頁。

〔註15〕許道勝：《天星觀 1 號楚墓卜筮禱祠簡釋文校正》，《湖南大學學報》（社會科學版）2008 年第 3 期，第 8～14 頁。

繞。秦家嘴墓地與 1975～1976 年在龍會河河道工程段發掘的雨台山墓地（558座墓葬，1984 年出版發掘報告《江陵雨台山楚墓》）應為自北向南延伸、年代接近的同一墓葬區。

　　秦家嘴墓地出土竹簡的三座墓葬 M1，M13，M99 均為帶有一條墓道的豎穴土坑墓，葬具均為一槨一棺，保存較好。據發掘簡報，M1 槨室（長 360、寬 162、高 156 釐米）由墙板分為頭箱、邊箱和棺室，M13 和 M99 具體形製未發表。M1 的竹簡出土於邊箱底層，其上為垮塌的分板和堆放的車馬器，出土時竹簡均已殘斷，總計殘簡 7 枚（段），據竹簡內容，推測墓主名為紐（紫）。M13 的竹簡出自邊箱近頭箱一端的底層，因為槨室積有淤泥，簡上亦有堆積淤泥，且全部殘斷，字跡不甚清楚，共出殘簡 18 枚（段），墓主信息缺失。M99槨室內盛滿清水，竹簡一部分在邊箱後端底層，一部分散在棺室後端，簡均殘斷，計有 16 枚（段），據竹簡內容，推測墓主名為埜（野）。殘斷竹簡大部分內容為卜筮祭禱記錄，M99 含少量遣策。為秦家嘴 M99 號墓主埜（野）占卜的貞人之一范獲志亦出現在望山 M1、天星觀 M1、及彭家灣 M183 卜筮祭禱記錄中。結合墓葬形制、隨葬器物和卜筮祭禱記錄，發掘者推測秦家嘴墓地所發掘的 105 座墓葬包括出土竹簡的三座墓葬的年代範圍下限應為戰國晚期前段（即公元前四世紀後半段）。

　　秦家嘴墓地發掘簡報《江陵秦家咀楚墓發掘簡報》發表於 1982 年。〔註16〕M1、M13 和 M99 出土竹簡尚未正式發表，部分單字摹本及相關辭例見於滕壬生《楚系簡帛文字編》（1995）及修訂本（2008）。〔註17〕晏昌貴據 1995 年版的《楚系簡帛文字編》輯錄了部分卜筮祭禱類簡文，並進行了初步的拼接和考釋。〔註18〕

五、丁家嘴 M2 號墓卜筮祭禱簡

　　丁家嘴墓地的 M2 號墓是 2009 年 5 月至 6 月間，由武漢市文物考古研究所和江夏區博物館在武漢市江夏區山坡鄉光星村 15 組搶救發掘的。與本書中

〔註16〕荊沙鐵路考古隊：《江陵秦家咀楚墓發掘簡報》，《江漢考古》1988 年第 2 期，第 36～43、129～130 頁。

〔註17〕滕壬生：《楚系簡帛文字編》，武漢：湖北教育出版社，1995 年。滕壬生：《楚系簡帛文字編（增訂本）》，武漢：湖北教育出版社，2008 年。

〔註18〕晏昌貴：《秦家咀「卜筮祭禱」簡釋文輯校》，《湖北大學學報》（哲學社會科學版）2005 年第 1 期，第 10～13 頁。

收錄的其它出土卜筮祭禱簡的墓地相比，丁家嘴墓地距離戰國時期楚都遺址紀南城較遠，在紀南城以東直線距離 200 公里以上，處於江漢平原暨戰國時期雲夢澤的東緣。

丁家嘴 M2 號墓為豎穴土坑墓，無墓道。葬具為一槨一棺，槨分為五箱，東、南、西、北四箱為器物箱，中為棺室。墓葬保存狀況相對較好，隨葬品主要有漆木器和仿銅陶器，具体隨葬器物數量尚無報道。墓內兩處發現竹簡，其中槨蓋上的竹簡出土時共編號 74 個，內容為卜筮祭禱記錄；棺室內的竹簡共編號 25 個，內容為遣策。竹簡字跡相對清晰，但殘斷較為嚴重。竹簡兩端均為平端，文字多書於竹黃面，不留天頭地腳，卜筮祭禱簡中有少量文字書寫於竹青面。卜筮祭禱簡完整簡長度因殘斷嚴重無法確知，目前所知最長簡約為 35.9 釐米。經綴合，卜筮祭禱簡現有編號 54 個，約 490 字，其中 3 枚竹簡背面書有文字，6 枚為無字殘簡。卜筮祭禱簡的字體分為兩種，一種字距較疏、字跡較大、筆劃略粗，部分簡文是刮削後再次書寫，有的因刮削不徹底而留有墨蹟，還有因刮削後空白不夠，而抄寫細密的情況。另一種字體較為纖細，明顯與其他簡不同，但是數量較少，簡背有字的竹簡屬於這一部分。據出土竹簡內容，推測 M2 號墓的墓主為卜筮祭禱記錄中的婁君。依據墓葬形制及隨葬器物特徵，初步推斷丁家嘴 M2 號墓的年代為戰國中晚期。

2011 年 2 月至 3 月，武漢大學簡帛研究中心李天虹帶領的「湖北出土未刊布楚簡（五種）集成研究」課題組對丁家嘴出土竹簡進行了實地考察和拍攝，獲取了竹簡的全部常規與紅外影像資料。目前，這批竹簡資料的釋讀及綴合工作已經初步完成，但簡文尚未正式發表，本書所輯簡文據 2015 年發表的《湖北武漢丁家咀 M1、M2 出土戰國竹簡》中刊布的 7 支殘斷的卜筮祭禱簡。〔註19〕

六、嚴倉 M1 號墓卜筮祭禱簡

嚴倉 M1 號墓（又稱獲子冢）及其車馬坑是 2009～2010 年湖北省文物考古所在荊門市沙洋縣後港鎮為配合南水北調引江濟漢工程進行的搶救性發掘。M1 所在的嚴倉墓群海拔高程為 44 米，西南距長湖渡口約 1.5 公里，西距戰國時期楚都遺址紀南城約 8 公里。M1 為有封土和一條東向斜坡墓道的大型

〔註19〕武漢市文物考古研究所、武漢大學歷史學院簡帛研究中心：《湖北武漢丁家咀 M1、M2 出土戰國竹簡》，《文物》2015 年第 6 期，第 49～51 頁。

豎穴土坑墓，墓坑從墓口到墓底（到槨蓋板）有 15 級臺階。葬具為一槨三棺，槨分五室，由於 M1 槨蓋板被三個盜洞打穿，槨室被嚴重盜擾，原隨葬品數量和置放不清，殘存器物有限。內棺亦遭嚴重破壞，墓主尸骨保存情況發掘簡訊未做說明。

現存竹簡出自南室和西室，發掘時已經全部殘斷，最長的 52 釐米，總計編號 700 餘枚。南室簡占大多數，內容為遣策；西室簡編號 27 枚，內容是卜筮祭禱記錄。據竹簡內容，墓主推測為史書有載的楚國大司馬悼滑，大司馬悼滑亦出現在包山 M2 號墓卜筮祭禱記錄中公元前 316 年的紀年「大司馬惡（悼）脰（滑）遷（將）楚邦之帀（師）徒呂（以）救郙（巴）之歲（歲）」。綜合考慮，李天虹推測嚴倉 M1 墓葬年代為公元前 310 年到 298 年之間，尤以 307、306、305、303、及 299 這五個年份中的某一年最為可能。〔註20〕

嚴倉 M1 號墓及其車馬坑的發掘情況目前僅見《江漢考古》2010 年第 1 期的簡訊——《湖北荊門嚴倉墓群 M1 發掘情況》。〔註21〕本書所輯簡文據李天虹《嚴倉 1 號墓墓主、墓葬年代考》。

七、望山橋 M1 號墓卜筮祭禱簡

望山橋 M1 號墓是荊州博物館在荊州市荊州區川店鎮望山村於 2013～15 年為配合當地道路改造工程進行的搶救性發掘。M1 及其西側車馬坑（CHMK1）與其北已勘探但未發掘的 M2 所在的望山橋墓地位於今漳河水庫二干渠和荊應公路交叉處的西側，是一處墓葬密集分佈區，有祁家冢墓地、望山寺墓地、望山橋墓地、文家山墓地、何家山墓地等。1965 年發掘的望山 M1 號墓位於望山橋 M1 南約 500 米。望山橋 M1 東南距戰國時期楚都遺址紀南城約 7.5 公里，發掘時位於羅家冢下的封土已經因為修路工程被移走四分之三，墓道和墓坑開口亦被二干渠打破。望山橋 M1 是帶有一條東向斜坡墓道的大型豎穴土坑墓，墓坑有 13 級臺階，外槨底板下有一腰坑（大約在墓主人腿部正下方），葬羊一隻。葬具為二槨二棺，內槨分五室。墓葬在古代已遭盜掘，槨室東側（東室）為盜洞入口，有損壞及淤泥堆積，槨室其他各室保存較好，但也均被盜擾，殘留隨葬器物共 781 件／套（不含竹簡），棺內尸骨情況發掘簡報未作說明。

〔註20〕李天虹：《嚴倉 1 號墓墓主、墓葬年代考》，《歷史研究》2014 年第 1 期，第 161～169 頁。

〔註21〕宋有志：《湖北荊門嚴倉墓群 M1 發掘情況》，《江漢考古》2010 年第 1 期，第 132 頁；彩版 3～7。

望山橋 M1 號墓出土竹簡 15 枚，出自槨室南室。出土時均已殘斷，根據形製和內容可分為卜筮祭禱簡和遣策兩部分。殘簡最長的 32.3 釐米，最短的 9.8 釐米，卜筮祭禱簡較寬約 0.8 釐米，字體較大；遣策較窄約 0.7 釐米，字體較小。經初步整理，卜筮祭禱簡 5 枚，遣策有 10 枚。據竹簡內容，墓主為卜筮祭禱簡中的中廐尹，官職與包山 M2 號墓墓主左尹大致相當，據簡文中的祖先祭祀信息，望山橋 M1 墓主中廐尹也應是楚王族後裔。為中廐尹貞卜的貞人義懌又見於天星觀 M1 卜筮祭禱記錄中。綜合考慮，發掘者推斷望山橋 M1 墓葬年代為戰國中期後段，即楚宣王（公元前 369～340 年在位）晚期。

望山橋 M1 的墓葬發掘情況、全部 5 枚卜筮祭禱簡和 3 枚遣策簡的初步釋文及紅外照片已經發表於《湖北荊州望山橋一號楚墓發掘簡報》，〔註 22〕發掘和整理者另有對卜筮祭禱簡單獨進行介紹的專文《荊州望山橋一號墓出土卜筮祭禱簡及墓葬年代初探》。〔註 23〕

八、唐維寺 M126 號墓卜筮祭禱簡

唐維寺 M126 號墓是荊州博物館於 2019 年在湖北省荊州市荊州區紀南鎮為配合當地工程建設主動發掘的。唐維寺墓地屬於棗林鋪古墓群，位於戰國時期楚都遺址紀南城北城垣外近郊。棗林鋪古墓群分為多個墓地單元，包括之後要介紹的熊家灣墓地和彭家灣墓地。發掘者推測棗林鋪古墓群性質為戰國時期楚國的「邦墓地」，其中已發掘的多為中小型相當於傳統文獻中的士、庶階層墓葬。

唐維寺 M126 為小型長方形豎穴土坑墓（無墓道），發掘時墓坑上部已被建築基坑破壞。葬具為一槨一棺，槨室內充滿清澈的地下水，由隔板分出頭箱和棺室，保存較好。出土隨葬器物近 40 件（不含竹簡）。棺內竹席包裹人骨一具，據骨骼特徵觀察推測為男性。

M126 出土竹簡編號 8 枚，另有未編號殘簡一段。發掘時竹簡豎立於頭廂內的東北角，字跡清晰，但因地下水活動及發掘時操作不當，其原始順序已散亂，其中 5 枚為完簡（包括綴合的 2 枚），3 枚下端缺失。完簡長度在 67.8～70.1 釐米之間，寬度 0.6～0.8 釐米。其中 8 號簡上、中兩段用一條絲帶成約

---

45 度斜向緊緊纏裹，這樣以絲帶纏裹的竹簡尚屬首次發現，目前未獲取掩蓋於絲帶之下的內容。簡 1、2、3、5、7 背面有斜向劃痕和墨線。發掘者據墓葬形製和隨葬器物推測墓葬年代為戰國中期後段。竹簡內容為卜筮祭禱記錄，墓主推測為記錄中的產，但整理者認為記錄中提到的樂尹應不是墓主，但墓主產或與其有人身依附關係。

　　唐維寺墓地及其所屬的棗林鋪古墓群所發掘的近 800 餘座中小型墓葬考古報告尚未發表，但其簡介《湖北荊州棗林鋪戰國楚墓》已發表於《2020 中國重要考古發現》。〔註24〕唐維寺 M126 號墓竹簡的出土情況、竹簡初步釋文和紅外圖版已由發掘者和整理者趙曉斌以《荊州棗林鋪楚墓出土卜筮祭禱簡》發表於《簡帛》第十九輯。〔註25〕

九、熊家灣 M43 號墓卜筮祭禱簡

　　熊家灣 M43 號墓是荊州博物館於 2019 年在湖北省荊州市荊州區紀南鎮為配合當地工程建設主動發掘的。熊家灣墓地亦屬於棗林鋪古墓群，位於戰國時期楚都遺址紀南城北城垣外近郊。

　　熊家灣 M43 為小型長方形豎穴土坑墓（無墓道），發掘時墓坑上部已被建築基坑破壞。葬具為一槨一棺，保存狀況一般，槨室內滲入少量填土形成淤泥，並充滿渾濁的地下水。槨室沒有分隔，出土隨葬器物十餘件（不含竹簡），置放於槨內棺外南端空當中。棺內竹席包裹人骨一具，據骨骼特徵觀察推測為女性。

　　M43 出土竹簡共 2 枚，出土時位於棺蓋上，已折斷且字跡較模糊，兩枚竹簡均根據文義由兩段遙綴，內容為卜筮祭禱記錄，墓主為記錄中的嬭。

　　除《湖北荊州棗林鋪戰國楚墓》的墓群簡介之外，〔註26〕熊家灣 M43 號墓竹簡的出土情況、竹簡初步釋文和紅外圖版已由發掘者和整理者趙曉斌以《荊州棗林鋪楚墓出土卜筮祭禱簡》發表於《簡帛》第十九輯。〔註27〕

〔註24〕國家文物局主編：《湖北荊州棗林鋪戰國楚墓》，《2020 中國重要考古發現》，北京：文物出版社，第 72～75 頁。

〔註25〕趙曉斌：《荊州棗林鋪楚墓出土卜筮祭禱簡》，《簡帛》第十九輯，上海：上海古籍出版社，2019 年，第 21～28 頁，圖版 1～9。

〔註26〕國家文物局主編：《湖北荊州棗林鋪戰國楚墓》，《2020 中國重要考古發現》，北京：文物出版社，第 72～75 頁。

〔註27〕趙曉斌：《荊州棗林鋪楚墓出土卜筮祭禱簡》，《簡帛》第十九輯，上海：上海古籍出版社，2019 年，第 21～28 頁，圖版 1～9。

十、彭家灣 M183 和 M264 號墓卜筮祭禱簡

彭家灣 M183 號墓和 M264 號墓是荊州博物館於 2020～21 年在湖北省荊州市荊州區紀南鎮為配合當地工程建設主動發掘的。彭家灣墓地與上述唐維寺和熊家灣墓地同屬於棗林鋪古墓群，位於戰國時期楚都遺址紀南城北城垣外近郊。

M183 號墓和 M264 號墓東西相鄰，均為帶一條墓道的豎穴土坑墓。發掘時兩墓墓坑均因機械施工已遭破壞，葬具均為一槨一棺，槨室內充滿清澈的地下水，兩墓槨室皆由隔板分出頭箱和棺室，保存較好。M183 出土隨葬器物近 30 件（不含竹簡），棺內有竹席包裹人骨一具，據骨骼特徵觀察推測為女性。M264 出土隨葬器物 50 餘件（不含竹簡），棺內竹席包裹人骨一具，據骨骼特徵觀察亦推測為女性。

M183 出土竹簡共計 12 枚，原卷束於一張竹席內，因墓中積水漂浮在已側翻的棺外北側。發掘時工作人員操作不慎，提取竹席時致其破裂，其中的竹簡因而暴露出來，顏色赭黃、墨蹟如新，其中 11 枚保存完整，1 枚缺失上半段。完整竹簡長度在 63.40～69.70 釐米之間，寬度在 0.70～0.90 釐米之間，有 1～3 處契口，簡背均發現墨線或劃痕。發掘者據墓葬形製和隨葬器物，推測墓葬年代為戰國中期後段。竹簡內容為卜筮祭禱記錄，推測墓主為記錄中的娥（亦稱娥也）。為娥（也）卜筮的貞人范獲志也出現在天星觀 M1，望山 M1，和秦家嘴 M99 的卜筮祭禱記錄中，說明這四座墓葬的墓主生活年代應在這個貞人的職業生涯範圍內。

M264 出土竹簡僅 1 枚，發現於棺室部分的槨底板上，發現時已折斷為三段，在發掘現場進行了拼合確認，殘長 45.8 釐米，寬 0.8 釐米，無契口，簡背無特殊現象。據墓葬形製和隨葬器物，發掘者推測 M264 年代為戰國晚期前段，晚於 M183。據竹簡內容，墓主應是記錄中提到的色。

除彭家灣墓地所屬的棗林鋪墓群簡介之外，〔註28〕彭家灣 M183 和 M264 竹簡的出土情況、竹簡初步釋文和紅外圖版已由發掘者和整理者趙曉斌以《荊州棗林鋪彭家灣 183 號、264 號楚墓出土卜筮祭禱簡》發表於《出土文獻》2022 年第 1 期。〔註29〕

〔註28〕國家文物局主編：《湖北荊州棗林鋪戰國楚墓》，《2020 中國重要考古發現》，北京：文物出版社，第 72～75 頁。

〔註29〕趙曉斌：《荊州棗林鋪彭家灣 183 號、264 號楚墓出土卜筮祭禱簡》，《出土文獻》2022 年第 1 期，第 1～5 頁。

貳、湖北出土楚國卜筮祭禱簡校注

一、包山 M2 號墓卜筮祭禱簡

【釋文】

宋客盛公臱（邊）甹（聘）於楚之𢧵（歲）〔1〕，𠛱（荊）𡰥（夷）〔2〕育=（之月）乙未之日，𧇡（盬）吉㠯（以）保（寶）𧰨（家）〔3〕為左尹舵貞：自𠛱（荊）𡰥（夷）育=（之月）㠯（以）𩫏（就）〔4〕𠛱（荊）𡰥（夷）育=（之月），出內（入）事（侍）王，𦘠（盡）𡙜（卒）𢧵（歲）〔5〕，𨈏=（𨈏—躳身）𢝞（尚）毋又（有）咎〔6〕。占之：亙（恆）貞吉〔7〕，少（稍）又（有）慼（戚）〔8〕〖197〗於𨈏=（𨈏—躳身），虘（且）志事〔8〕少迡（遲）㝵（得）。㠯（以）亓（其）古（故）敓（說）之〔10〕。□思（使）攻解〔11〕於人𢙢（禹）〔12〕。占之：甚吉，𢆻（幾）中（中）又（有）憙（喜）。〖198〗

【注釋】

〔1〕宋客盛公邊聘於楚之歲，楚國以事紀年，公元前 318 年。

〔2〕荊夷，楚月名，楚國月序依次為荊夷、夏夷、亯月、夏夕、八月、九月、十月、爨月、獻馬、冬夕、屈夕、遠夕。

〔3〕保豪，又寫作「寚豪」、「琛豪」、「寶豪」、「賲豪」，還見於望山楚簡、天星觀楚簡和新蔡葛陵楚簡，為卜具的可能性比較大。

〔4〕就，至、到的意思。

〔5〕盡卒歲，宋華強（2010）指出包山簡中「盡卒歲」只出現在貞問月份是荊夷之月，「自荊夷之月以就荊夷之月」，實際應該是指從歲首之月到年底，也就是來年荊夷的前一天。

〔6〕尚毋有咎，「毋」的意思應是「不要」，如果將「尚」理解為應當，則簡文意為「應當不會有咎吧？」那麼「毋」的意思就沒有表達出來。如果將「尚」理解為希望、希冀，那麼簡文的意思是說「希望不要有咎」，「毋」的意思便很好地表達出來了。

〔7〕恆貞吉，可省為「恆貞」或「貞吉」，如望山1號墓39號簡有「恆貞吉，不死」，包山249號簡有「恆貞，不死」，包山207號簡有「貞吉」。「恆貞吉」應是占卜中的固定習語，不具有太多的實際意義，貞問對象的具體病咎在其後會具體說明，如「少有戚於躬身」、「志事遲得」等。

〔8〕慼（戚），新蔡葛陵楚簡有「先少有外言戚也，不為慼（憂）」，「憂」的程度要深於「戚」。

〔9〕志事，彭浩（1991）認為「志」指企望獲得爵位，「事」指侍奉楚王。周鳳五（1992）認為志事應指「所志之事」，也就是邵𨱗心中的願望。晏昌貴（2005B）認為「志事」讀如「職事」。

〔10〕已（以）亓（其）古（故）敚（說）之，「敚」讀為「說」，「說」可以解釋為向作祟的祖先或神進行祝告，但其後的簡文並不全部都屬於「說」具體內容，「說」具體內容只包括其後的祭禱方案，即向祖先或神等祭祀對象承諾期望之事實現後會採用的具體祭禱方法。而「思攻解」一類的內容並不屬於「說」。

〔11〕思（使）攻解，「思」字用例與包山250號簡「命攻解於漸木立」相當，可讀為「使」。「攻解」是「攻而解」的意思，天星觀楚簡有「以其故敚之，解於二天子與雲中君以佩玉、珥」，簡文單稱「解」。包山楚簡還有「攻敘（除）」（229號簡），也可單稱「敘（除）」（211號簡），亦與「攻解」類似。

〔12〕人慁，整理者（1991）認為可能指大禹。夏淥（1993）認為「禹」與「偶」是音假的關係，「人禹」為「人形土木偶」。吳郁芳（1996）認為「人禹」即人鬼。饒宗頤（1996）認為人禹與仁羿同例，應讀為「夷禹」，有如「戎禹」之比。

【白話譯文】

在「宋客盛公邊聘於楚之歲」這一年，荊夷之月乙未之日，盬吉用寶家為左尹𨱗貞問：從荊夷之月到下一個荊夷之月（之前），出入侍奉君王，到年底，希望身體不要有災禍。占卜後視兆：長久來看吉利，身體稍微有些憂戚，並且所希望的事遲緩一些才能實現。因為這個緣故進行「說」。使人用「攻」的方法解除人禹（帶來的憂患）。占卜後視兆：十分吉利，在所貞問的這一段時間裡會有好事。

【釋文】

宋客盛公䵼（邊）甹（聘）於楚之哉（歲），䵼（荊）层（夷）肯＝（之月）乙未音＝（之日），石被（被）䋺（裳）已（以）訓（順）䵼（繹）〔1〕為左尹㐌貞：自䵼（荊）层（夷）肯＝（之月）已（以）㝵（就）{䵼（荊）㝵（就）}䵼（荊）层（夷）肯＝（之月），聿（盡）㝵（卒）哉（歲），𤲃＝（𤲃—躬身）怠（尚）毋又（有）咎。占之：丞（恆）貞吉，少（稍）外（間）〔2〕又（有）慼（戚），【199】志事少（稍）迟（遲）㝵（得）。已（以）亓（其）古（故）敚（說）之，䍩襠（禱）〔3〕於卲（昭）王〔4〕戠（特）牛〔5〕，饋〔6〕之，䍩襠（禱）文坪（平）夜（輿）君〔7〕、邵公子萅（春）〔8〕、司馬子音〔9〕、䣄（蔡）公子豪（家）〔10〕，各戠（特）豵（豢）〔11〕，酉（酒）飤〔12〕，䍩襠（禱）於夫人戠（特）獵（狙）〔13〕，志事速㝵（得），皆速賽〔14〕之。占之：吉，㝵＝（亯月）、顕（夏）柰（夕）又（有）憙（喜）。【200】

【注釋】

〔1〕訓（順）䵼（繹），「䵼」類占卜工具，還見於新蔡葛陵楚簡，李家浩認為應該讀為《周禮・春官・龜人》「地龜曰繹」之「繹」，或《爾雅・釋魚》「龜……仰者謝」之「謝」。〔註1〕

〔2〕外（間），指時間短暫。

〔3〕䍩禱，「䍩」字還見於鄂君啟節、郭店楚簡、天星觀楚簡及新蔡葛陵楚簡等，多讀為「一」，「䍩禱」在新蔡葛陵楚簡中又寫作「弌禱」。關於「䍩禱」的含義，眾說紛紜，陳偉武（1997）認為「䍩禱」即連續而禱。李家浩（2001A）認為楚簡的「䍩禱」應屬於祈禱，「䍩禱」簡文末尾都說「既禱致福」既禱之後向主人「致福」，用牲，大概用其他祭祀的餘牲。范常喜（2006）懷疑「𦣞禱」、「禠禱」，即楚祭禱簡中較為常見的「䍩禱」。宋華強（2006B）懷疑楚簡中的「䍩禱」和「弌禱」都應讀為「丞禱」。

〔4〕昭王，楚昭王熊軫，為卲氏始祖。

〔5〕戠（特），一也。

〔6〕饋，望山M1號墓110號簡又稱「饋祭」，指向神靈進獻犧牲。

〔7〕文坪（平）夜（輿）君，左尹卲㐌高祖父，楚昭王之子。

〔註1〕轉引自宋華強：《新蔡葛陵楚簡初探》，武漢：武漢大學出版社，2010年，第154頁。

〔8〕邵公子蓍（春），左尹邵佗曾祖父，楚昭王之孫。

〔9〕司馬子音，左尹邵佗祖父，又被稱作「新王父」。

〔10〕郘（蔡）公子豪（家），左尹邵佗父親，又被稱作「新父」。

〔11〕豽（豢），豕屬。

〔12〕酉（酒）飤，何琳儀（1998）讀為「酒食」。胡雅麗（2003）認為酉飤即酒飤，飤的本意為拿食品給人吃，簡文之意應為以酒獻神，其方法應該是以酒澆灌於地，令神歆享之。

〔13〕豭（豠），《說文解字》：「豠，豕屬。」

〔14〕賽，實現祈禱時對神祇許諾的祭祀。

【白話譯文】

在「宋客盛公邊聘於楚之歲」這一年的荊夷之月乙未之日，石被裳用順繹為左尹佗貞問：從荊夷之月到下一個荊夷之月（之前），到年底，希望身體不要有災禍。占卜後視兆：長久來看吉利，短期稍有憂戚，所希望的事遲緩一些才能實現。因為這個緣故進行「說」，罷禱昭王一隻牛，進行饋祭，罷禱文平輿君、邵公子春、司馬子音、蔡公子家，各一隻豢，以酒獻之，罷禱夫人一隻豠，所希望的事快速實現，（對所禱的神祇）都快速地賽禱。占卜後視兆：吉利，在宮月、夏夕有好事。

【釋文】

宋客盛【公】鵰（邊）粤（聘）於楚之戲（歲），劃（荊）屔（夷）育＝（之月）乙未音＝（之日），鄉（應）會已（以）央（英）管（箸）〔1〕為子左尹佗貞：自劃（荊）屔（夷）之月已（以）臺（就）劃（荊）屔（夷）之月，出內（入）事（侍）王，聿（盡）釆（卒）戲（歲），窞＝（窞—躬身）尚母（毋）又（有）咎。占之：亙（恆）占〈貞〉吉，少（稍）又（有）慐（戚）於〖201〗窞＝（窞—躬身），虞（且）雀（爵）立（位）迡（遲）遫（踐）。已（以）亓（其）古（故）敚（說）之，與（舉）禷（禱）〔2〕於宮埅（地）宔（主）〔3〕，一秥（殺）〔4〕，裕〔5〕於新（親）父郘（蔡）公子豪（家），墼（特）豭（豠），酉（酒）飤，饋之，裕【於】新（親）母，肥豻（豭）〔6〕，酉（酒）飤，與（舉）禷（禱）東陵連〖202〗囂（敖）〔7〕肥豻（豭），酉（酒）飤。畁（輿—舉）〔8〕石裳（被）常之絜（說），罷禷（禱）於邵（昭）王哉（特）牛，饋之，罷禷（禱）於它（文）坪（平）柰（輿）君、邵公子苍（春）、司馬子音、郘（蔡）公子豪（家），各哉（特）豵（豢），酉（酒）飤，夫人，

〖203〗戠（特）狢（狙），酉（酒）飤。□□□□鄊（應）敆（會）占之曰：吉，至九月憙（喜）雀（爵）立（位）。□□□□凡此箈（籤）也，既聿（盡）逶（迻）〔9〕。〖204〗新（親）父既城（成）。□□□□新（親）母既城（成）。〖202反〗

【注釋】

〔1〕央（英）管（箸），應為筮類占卜工具，《廣雅・釋詁一》「英，美也。」

〔2〕舉禱，李零（1993）認為「與禱」可能是始禱。李家浩（2001A）認為「與禱」應屬於祈禱，「與禱」簡文末尾都說「既禱致命」，既禱之後向主人「致命」，不用牲。沈培（2006）認為對於同樣的祭祀方案，先前舉行的叫「舉禱」，再舉行一次則叫「賽禱」。宋華強（2010）懷疑「舉禱」之「舉」當讀為「旅」。

〔3〕宮地主，指宮室所在之地神，社、后土、地主都可代表地神，「地主」又有「宮」、「野」之分。

〔4〕粘（殺），卜筮祭禱簡中的祭品「殺」還寫作「羢」，而包山207、219號簡還有「狢」、「豚」等寫法，學者則多讀為「腵」。「粘」、「狢」有可能指同一犧牲，與祭祀太的犧牲既作「犃」又作「犕」類似。「粘」、「狢」孰為正體，從土地類神祇的犧牲用「羘」來看，似以「粘」為正體。陳偉（1996）認為粘（殺）、羘可能存在三種對應關係：黑羊與白羊，公羊與母羊，以及黑色公羊與白色母羊。

〔5〕袼，陳偉（2009）認為上博竹書《昭王毀室》1號簡：「室既成，將袼之。」袼用為落成之「落」。簡文此字或同「袼」，指卲佗父母之廟的落成儀式。

〔6〕肥豜（豕），包山簡中還有「肥狢（狙）」，加「肥」字應該是為了和普通的「狢（狙）」相區別，因此，「肥豕」與「豕豕」也應有區別。

〔7〕東陵連囂（敖），可能是卲佗的叔父或伯父。

〔8〕鼻（輿一舉）石裳（被）常之祭（說），從時間上看，「鼻某某之說」與被「鼻」者為同一時間，而「迻某某之說」與被「迻」者可以是不同時間。從內容上看，「鼻某某之說」可以是被「鼻」者的全部，也可以是其中的一部分，「迻某某之說」亦然。

〔9〕凡此箈（籤）也，既聿（盡）逶（迻），「籤」應是指這組竹簡上所有貞人的「說」，「凡此籤既盡迻」是指凡是此組簡文上的「說」都已經全部移錄，即201～204號簡上的「應會之說」和「石被裳之說」全部被210～211號簡和214～215號簡「迻」完。

【白話譯文】

在「宋客盛公邊聘於楚之歲」這一年的荊夷之月乙未之日，應會用央蓍為子左尹舵貞問：從荊夷之月到下一個荊夷之月（之前），出入侍奉君王，到年底，希望身體不要有災禍。占卜後視兆：長久來看吉利，身體稍微有些憂戚，並且爵位遲緩一些晉升。因為這個緣故進行「說」，舉禱宮地主，一隻羖，稽祭親父蔡公子家一隻狙，以酒獻之，進行饋祭，稽祭親母，肥冢，以酒獻之，舉禱東陵連敖，肥冢，以酒獻之。舉用石被常的「說」，罷禱昭王一隻牛，進行饋祭，罷禱文平輿君、郚公子春、司馬子音、蔡公子家，各一隻豢，以酒獻之，夫人，一隻狙，以酒獻之。應會占卜後視兆說：吉利，到九月爵位會有喜事。凡是此組簡文上的「說」都已經全部移錄。親父的祭禱已經完成。親母的祭禱已經完成。

【釋文】

東周之客譻（許）緹至（致）袳（祚—胙）於葴郢之散（歲）〔1〕，題（夏）层（夷）之月乙丑之日，五生吕（以）承悳（德）〔2〕為左尹舵貞：出內（入）時（侍）王，自題（夏）层（夷）之月吕（以）豪（就）集（集）散（歲）〔3〕之題（夏）层（夷）之月，聿（盡）集（集）散（歲），〖209〗窮（躳）身尚母（毋）又（有）咎。占之：死（恆）貞吉，少（稍）又（有）慼（戚）於窮（躳）身與宮室，虘（且）外（間）又（有）不怊（訓—順）。吕（以）丌（其）古（故）敓（說）之，舉（舉）禱（禱）蝕（蝕）祑（太）〔4〕一全〔5〕豬（豢），舉（舉）禱（禱）社〔6〕，一全猎（狙），舉（舉）禱（禱）宮衍（行）〔7〕，一白犬，酉（酒）飤。遂（迻）鄺（應）會之祱（說），賽禱（禱）東陵〖210〗連囂（敖）豬（冢）豕，酉（酒）飤，蒿〔8〕之。囟（思—使）攻解於累（盟）虡（詛）〔9〕，虘（且）敘（除）〔10〕於宮室。五生占之曰：吉。□三散（歲）無咎，牆（將）又（有）大憙（喜），邦智（知）之。〖211〗

【注釋】

〔1〕東周之客許緹歸胙於葴郢之歲，楚國以事紀年，公元前317年。

〔2〕承德，劉信芳（1996）讀如「蒸植」，即麻幹。何琳儀（1998）認為承，疑讀篜，《玉篇》「篜，竹也。」

〔3〕集（集）散（歲），宋華強（2010）認為包山簡中「卒歲」都是指從占卜所在月份到歲末這段時間，而「集歲」是指從占卜所在月到次年同一月份，前者是想貞問本年剩餘時間內的吉凶，後者是想貞問未來一年時間內的吉凶，二者詞義判然有別，用法也畛域分明。

〔4〕蝕（蝕）袄（太），李零（1993）認為「太」也稱「蝕太」，從地位看，應即太一。陳偉（1996）認為「蝕太」可能是「其星隱而不見」、「見則為災」的天皇大帝（曜魄苞），加「蝕」以與別的太一相區別。何琳儀（1998）疑日蝕、月蝕之神。李家浩（2001B）認為可能是一個從「大」從「卜」聲的字，疑讀為《周禮‧地官‧族師》「春秋祭醋」的「醋」。「醋」或作「步」、「布」。「朴」和「蝕朴」，分別相當鄭玄注所說漢代的「人鬼之步」和「蟓螟之醋」兩種裁害之神。

〔5〕全，指整個的，《周禮‧地官‧牧人》：「以共祭祀之牲牷。」鄭玄注：「鄭司農云：『牷，純也。』玄謂牷，體完具。」

〔6〕社，指地神。

〔7〕宮行，主宮室道路之神。

〔8〕蒿，整理者（1991）認為蒿，借作郊，郊祭。此字還見於望山楚簡，整理者（1995）認為蒿當讀為「犒」，疑古代以酒食饋鬼神亦可曰「犒」。胡雅麗（2003）認為就是焚香以氣獻神，因焚香獻神所用燃料以蒿草為主，故以蒿名此供獻法。范常喜（2005）認為「蒿」字還是當如字讀，含義是燃蒿草以祭祀，有可能是一種較為獨立的專門燃蒿以祭的祭祀方式。

〔9〕絮（盟）虘（詛），主盟誓詛祝之神，241號簡有單稱「虘（詛）」者，「絮虘」或為二神祇，職司分別為「盟誓」和「詛咒」。

〔10〕敘（除），解除。

【白話譯文】

在「東周之客許經致胙於葴郢之歲」這一年的夏夷之月乙丑之日，五生用承德為左尹蛇貞問：出入侍奉君王，從夏夷之月到下一年的夏夷之月，一整年，身體希望不要有災禍。占卜後視兆：長久來看吉利，身體和家中稍微有些憂戚，並且短暫地有些不順利。因為這個緣故進行「說」，舉禱蝕太，一隻完整的豢，舉禱社，一隻完整的狙，舉禱宮行，一隻白犬，以酒獻之。移用應會之「說」，賽禱東陵連敖家豕，以酒獻之，進行蒿祭。使人用「攻」的方法解除盟詛（帶來的憂患），並且解除家中（鬼神邪祟帶來的憂患）。五生占卜後視兆說：吉利，三年沒災禍，將有好事發生，整個國家都會知道。

【釋文】

東周之客醻（許）經逐（歸）俊（作─胙）於葴郢之戠（歲），顕（夏）尿（夷）之月乙丑之日，鹽（監）吉呂（以）倸（寶）豙（家）為左尹蛇貞：

出內（入）時（侍）王，自顕（夏）层（夷）之月己（以）𧻚（就）寠（集）
歲（歲）之顕（夏）层（夷）之月，聿（盡）寠（集）〖212〗歲（歲），窮（躬）
身尚毋又（有）咎。占之：死（恆）貞吉，少（稍）又（有）亞（惡）於王事，
虞（且）又（有）愿（戚）於窮（躬）身。己（以）丌（其）古（故）敓（說）
之，遱（逐）古（故）箬（筴）〔1〕，賽禱（禱）犾（太）〔2〕，備（佩）玉一環，
厌（侯—后）土〔3〕、司命〔4〕、司褐（禍）〔5〕，各一少（小）環，大水〔6〕，備
（佩）玉一環，二天子〔7〕，〖213〗各一少（小）環，峗山〔8〕，一珏。遱（逐）
鄉（應）畬（會）之祝（說），賽禱（禱）宮厌（侯—后）土一牯（殺）。遱（逐）
石䑣（被）常之祝（說），至眯（秋）三月，賽禱（禱）卲（昭）王戠（特）
牛，饋之，賽禱（禱）文坪（平）夜（輿）君、郚公子萅（春）、司馬子音、
郘（蔡）公子豪（家），各戠（特）豕（豢），饋之，賽禱（禱）新（親）母〖
214〗戠（特）豭（狙），饋之。盬（鹽）吉占之曰：吉。▨犾（太）、厌
（侯—后）土、司命、司褐（禍）、大水、二天子、峗山既皆城（成）。▨
旮（幾）审（中）又（有）憙（喜）。〖215〗

【注釋】

〔1〕遱（逐）古（故）箬（筴），「故筴」可能是指以前的某一組簡文中的、不止是
一個貞人的「說」。

〔2〕犾（太），李零（1993）認為此神在簡文中是列於眾神之首，從地位看，應即太
一。劉信芳（1993）認為「太」即楚人所祀「太一」。李家浩（2001B）認為可
能是一個從「大」從「卜」聲的字，疑讀為《周禮‧地官‧族師》「春秋祭酺」
的「酺」。「酺」或作「步」、「布」。「秅」和「蝕秅」，分別相當鄭玄注所說漢代
的「人鬼之步」和「蝝蟊之酺」兩種裁害之神。董珊（2007B）認為楚卜筮禱
簡的「秅」或「秋」字均應從「大」聲讀為「厲」。古人認為疾病災禍之起，在
於鬼、神為祟。為祟之鬼稱為「厲」即厲鬼。

〔3〕厌（侯—后）土，《周禮‧天官‧大宗伯》：「王大封則先告后土」，注：「后土，
土神也」。

〔4〕司命，掌管生命之神。

〔5〕司褐（禍），掌管災禍的神。

〔6〕大水，整理者（1991）認為大水即天水。劉信芳（1992A）認為「大水」應指
天漢之神。湯餘惠（1993）懷疑指長江。陳偉（1996）認為大水為淮水別名。
吳郁芳（1996）認為「大水」應為洪水，楚簡中的大水當即陽侯之流的神靈。

胡雅麗（2001）認為「大水」應該就是元水，即最初形態的水，其神即為一切水之總神，或可徑讀為「太水」。連劭名（2001）認為「大水」是道神，即《周易》中的「大川」。湯璋平（2004）認為大水之神當為掌管地上的江、河、湖、海眾水域之神。晏昌貴（2006）認為楚簡「大水」也可能指海神。蔣瑞（2008）認為楚簡所祀大水，就是顓頊。

〔7〕二天子，劉信芳（1992A）認為「二天子」應即《九歌》所述神祇湘君、湘夫人。湯餘惠（1992）認為謂「三王山」、「三天子都」、「三天子鄣」乃是三座山峰的總名，率山乃三王山之一。二天子各是一山，加上率山正是三山。李零（1993）疑指時王的祖考，即楚宣王和楚威王。陳偉（1996）認為二天子為湘山之神。連劭名（2003）認為「二天子」應是伏羲，神農。

〔8〕峗山，又作「峎山」、「危山」，湯餘惠（1992）認為當即今安徽婺源西北之率山。陳偉（1996）認為《漢書・地理志》南郡「高成」縣下原注：「洈山，洈水所出，東入繇。」峗（峎）山不知是否即這處洈山。晏昌貴（2006）認為楚卜筮簡中的「危山」、「峗山」可指三危山。

【白話譯文】

在「東周之客許緹致胙於葳之歲」這一年的夏夷之月乙丑之日，盬吉用寶家為左尹蛇貞問：出入侍奉君王，從夏夷之月到下一年的夏夷之月，一整年，身體希望不要有災禍。占卜後視兆：長久來看吉利，王事稍微有些不好，並且身體稍微有些憂戚。因為這個緣故進行「說」，移用以前簡冊（的「說」），賽禱太，佩玉一環，后土、司命、司禍，各一個小環，大水，佩玉一環，二天子，各一個小環，峗山一珤。移用應會的「說」，賽禱后土一隻猳。移用石被常的「說」，到秋三月，賽禱昭王一隻牛，進行饋祭，賽禱文平輿君、邸公子春、司馬子音、蔡公子家，各一隻豢，進行饋祭，賽禱親母一隻狙，進行饋祭。盬吉占卜後視兆說：吉利。太、后土、司命、司禍、大水、二天子、峗山的祭祀都已經完成。在所貞問的這一段時間裡會有好事。

【釋文】

東周之客響（許）緹逯（歸）俴（作—胙）於葳郢之戠（歲），頣（夏）层（夷）之月乙丑之日，苛嘉呂（以）長峎（蒂）為左尹蛇貞：出內（入）時（侍）王，自頣（夏）层（夷）之月呂（以）臺（就）椞（集）戠（歲）之頣（夏）层（夷）之月，書（盡）椞（集）〖216〗戠（歲），竆（躬）身尚母（毋）有咎。占之：死（恆）貞吉，少（稍）又（有）慭（戚）於竆（躬）身，虔（且）

外（間）又（有）不懇（順）。弖（以）亓（其）古（故）敓（說）之，壆（舉）禤（禱）楚先老僮（童）〔1〕、祝螎（融）〔2〕、媸（毓—鬻）酓（熊）〔3〕各一牂〔4〕。囟（思—使）攻解於不殆（辜）〔5〕。苛嘉占之曰：吉。〖217〗

【注釋】

〔1〕楚先老童，楚人先祖之一，《大戴禮・帝系》：「顓頊娶於滕氏，滕氏奔之子謂之女祿氏，產老童。」

〔2〕祝融，楚人先祖之一，《史記・楚世家》：「重黎為帝嚳高辛居火正，甚有功，能光融天下，帝嚳命曰祝融」。

〔3〕鬻熊，楚人先祖之一，《史記・楚世家》有「吾先鬻熊」。

〔4〕牂，《爾雅・釋畜》「牝羖」，郭璞注：「今人便以牂羖為白黑羊名。」《廣雅・釋獸》：「吳羊：牡，一歲曰牡牀，三歲曰羝；其牝，一歲曰牸牀，三歲曰牂。吳羊犗曰羯，殺羊犗曰羯。」《廣雅・釋畜》：「羊，牡羒，牝牂。」是云牝羊曰牂。郝懿行疏：「牂羊言肥盛也。」

〔5〕不殆（辜），整理者（1991）認為是鬼名。睡虎地秦墓竹簡《日書》：「人生子未能行而死，恆然，是不辜鬼處之」。李零（1993）認為是無罪而死的冤鬼。

【白話譯文】

東周之客許緄致胙於葴郢之歲，夏夷之月乙丑之日，苛嘉用長蒯為左尹詑貞問：出入侍王，自夏夷之月以至下一年的夏夷之月，一整年，希望身體不要有災禍。占卜後視兆：長久來看吉利，身體稍微有些憂戚，並且短時間內有些不順利。因為這個緣故進行「說」，舉禱楚先老童、祝融、鬻熊各一隻牂。使人用「攻」的方法解除不辜（帶來的憂患）。苛嘉占卜後視兆說：吉利。

【釋文】

東周之客響（許）緄逞（歸）俊（作—胙）於葴郢戠=（之戠—歲），臱（夓）月已酉（酉）之日，響（許）吉弖（以）保（寶）豪（家）為左尹卲詑貞：弖（以）亓（其）下心〔1〕而疾，少憙（氣）。丞（恆）貞吉，甲寅之日疞（病）良瘥（瘥）〔2〕，又（有）繁（祟），秌（太）見（現）琥〔3〕。弖（以）亓（其）古（故）繁（說）之，壁（避）琥，罜（擇）良月良日逞（歸）之，〖218〗虞（且）為晉（巫）〔4〕繩（繩）璜（佩）〔5〕，速晉（巫）之〔6〕，厭一琢（祜—殺）於埊（地）宔（主）〔7〕，賽禤（禱）衏（行）一白犬，逞（歸）〔8〕冠、繡（帶）於二天子。甲寅之日逗〔9〕於邧（枝）昜（陽）。〖219〗

【注釋】

〔1〕下心，整理者（1991）認為下心似指胃部。李家浩（2001B）認為古醫書稱膈下胃脘的部位為「心下」，「下心」大概是「心下」的倒文。

〔2〕疕（病）良瘥（瘥），病情有大的好轉。

〔3〕琥，是玉器之名，董珊（2007B）認為古人認為玉器有精氣，鬼神也是精氣所化，因此厲鬼可附於玉琥作祟。

〔4〕巫，宋華強（2006C）認為新蔡葛陵楚簡中神靈名「靈君子」疑是「巫」的別稱。李家浩（2019）認為巫是人與鬼神之間的媒介，在古人日常生活中有許多事情需要通過巫來決定，所以巫在古人的心目中佔有很重要的地位。有的巫死後上升為神，得到人們的供奉和祭祀，巫主實際上具有家族保護神的作用。

〔5〕繏（繃）璜（佩），裏束或綁起來的玉佩。

〔6〕速晉（巫）之，李家浩（2001B）認為「巫」活用為動詞，大概是綁巫的意思。「且為巫繃佩，速巫之」的意思是說，並且把剩下的玉佩替巫綁上，趕快把玉佩綁在巫身上。

〔7〕坓（地）宔（主），地神之一。

〔8〕遝（歸），饋送之義。

〔9〕逗，李零（1993）認為很可能都是驅鬼儀式，疑應讀為「鬥」。何琳儀（1998）認為逗指逗留。

【白話譯文】

在「東周之客許絰致胙於葴郢之歲」這一年的爨月己酉之日，許吉用寶家為左尹舵貞問：左尹心臟下方有疾病，氣少不足以息。長久來看吉利，甲寅之日病情大有好轉，有鬼神邪祟，太出現在琥上。因為這個緣故進行「說」，避開琥，選擇良月良日饋送琥，並且為巫綁佩，趕快讓巫處理它，厭祭地主一隻豭，賽禱行隻一白犬，餽贈二天子冠、帶。甲寅之日在枝陽停留。

【釋文】

東周之客響（許）絰逗（歸）俁（作—胙）於葴郢之戡（歲），臭（爨）月己函（酉）之日，苟光已（以）長憇（側）為左尹卲舵貞：已（以）丌（其）下心而疾，少燬（氣）。歾（恆）貞吉，庚辛又（有）刎（間），疕（病）速瘥（瘥），不逗於邟（枝）昜（陽），同縈（祟）。〖220〗

【白話譯文】

　　在「東周之客許絰致胙於葴郢之歲」這一年的爨月己酉之日，苛光用長惻為左尹
舵貞問：左尹心臟下方有疾病，氣少不足以息。長久來看吉利，庚日辛日有好轉，病
情快速痊癒，不要在枝陽停留，鬼神邪祟相同。

【釋文】

　　東周之客譽（許）絰逯（歸）俊（作—胙）於葴郢戠＝（之戠—歲），贠
（爨）月己茜（西）昏＝（之日），邦（鞏）膖（朕）已（以）少（小）寶〔1〕
為左尹卲舵貞：既又（有）姉＝（疒—病，病）心疾，少愍（氣），不內（入）
飤（食），贠（爨）月旮（幾）审（中）尚毋又（有）羕（恙）。〖221〗邦（鞏）
膖（朕）占之：愻（恆）貞吉，又（有）繁（祟）見（現）新（親）王父、殤
（殤）〔2〕。已（以）亓（其）古（故）敓（說）之，墅（舉）禤（禱）犟＝（牷
—特牛），饋之，殤（殤）因亓（其）裳（常）生（牲）〔3〕。邦（鞏）膖（朕）
占之曰：吉。〖222〗

【注釋】

〔1〕少（小）寶，占卜工具。「少」多讀為「小」，卜筮工具中常見，如「小籌」、「小
　　央」、「小尨繹」。

〔2〕殤（殤），陳偉（1996）指出「殤」即225號簡中的「殤東陵連囂子發」，東陵
　　連囂稱「殤」，大概是因為無子嗣後，他為卲舵所祭也應出於這個緣故。董珊
　　（2007B）認為古人之所謂「殤」或「殤鬼」是包含廣泛的概念，未成年而死、
　　戰死、以及各種非正常死亡都可以統稱為「殤」。

〔3〕因亓（其）裳（常）生（牲），陳偉（1996）指出「因其常牲」就是因仍常規的
　　犧牲，不作損益。

【白話譯文】

　　在「東周之客許絰致胙於葴郢之歲」這一年的爨月己酉之日，鞏朕用小寶為左尹
舵貞問：已經病了，病是心臟有疾，氣少不足以息，吃不下食物，爨月期間，希望不
要有大病。鞏朕占卜後視兆：長久來看吉利，有鬼神邪祟出現，是親王父和早死的東
陵連敖。因為這個緣故進行「說」，舉禱（親王父）一隻牛，進行饋祭，東陵連敖因循
常規的犧牲。鞏朕占卜後視兆說：吉利。

【釋文】

屈宜（宜）習〔1〕之，㠯（以）彤答〔2〕為左尹卲（昭）𨚕貞：既又（有）疠=（㾓—病，病）心疾，少𢜔（氣），不內（入）飤（食），尚毋又（有）羕（恙）。占之：𢘓（恆）貞吉，又祭（祟）見（現）。弆（輿—舉）郙（鞏）𦛓（朕）之敓（說）。屈宜（宜）占之曰：吉。〖223〗

【注釋】

〔1〕習，整理者（1991）認為《周禮・地官・胥師》：「襲其不正者」，鄭注：「故書襲為習。」襲釋作重，指重複。從簡文分析，用同一方法貞問同一事，如超過三次，第四次就稱作「習」。《禮記・曲禮》的「卜筮不過三」，說的就是這種情況。包山二號墓中有三筮二卜之例，卜與筮分別稱作「貞」，不稱作「習」，這大概是《曲禮》所說的「卜筮不相習」。卜與筮作為兩種獨立的貞問方式是同時並用的，各自計算卜和筮的次數。李零（2000）認為楚簡的占卜之辭是分為兩種，一種記年月日，較詳；一種不記年月日，直接以「某某習之」開頭，較略。這兩種簡文大多是分簡書寫，但也有抄在同一簡上，可以證明後一種都是接在前一種後面：記年月日的簡是對某事的第一次占卜，而不記年月日的簡則記同一日內對同一事的重複占卜，兩者是一個整體。後者不記時間，是承上省略。我們不妨把前者中「初占」，後者叫「習占」。

〔2〕彤答，整理者（1991）認為答，通作荅，《說文》：「荅，草也」。劉信芳（1996）認為「答」讀如「簬」，字又作「簵」，竹名。

【白話譯文】

屈宜習卜，用彤答為左尹昭𨚕貞問：已經有病了，病是心臟有疾，氣少不足以息，吃不下食物，希望不要有大病。占卜後視兆：長久來看吉利，有鬼神邪祟出現。移用鞏朕的「說」。屈宜占卜後視兆說：吉利。

【釋文】

東周〖之〗客𬔨（許）緹逯（歸）㑅（作—胙）於葳郢之戢（歲），𩍈（爨）月丙（丙）𣅱（辰）㫖=（之日），攻尹〔1〕之𥙡（攻）𤕌（執）事人〔2〕𠭯（夏）𢀓（舉）𧗿（衛）𡟰（偃）為子左尹𨚕𢀓（舉）禱（禱）於新（親）王父、司馬子音，戠（特）牛，饋之。臧（臧—莊）敢為位，既禱（禱）至（致）命〔3〕。〖224〗

【注釋】

〔1〕攻尹，邴尚白（1999）認為「攻尹」可能就是《左傳》等古籍中的「工尹」，其職掌應為管理百工。李家浩（2001A）認為「攻尹」當是掌管攻祭的長官。于成龍（2004）認為簡文中「祉尹」當是祝官之長，相當於《周禮》中「大祝」一職。

〔2〕祉（攻）䘏（執）事人，彭浩（1991）認為「工尹之攻執事人」是工尹屬下專司「攻」事的人。邴尚白（1999）認為「祉執事人」的職司，則可能與卜祝祭禱之事有關。由楚簡及《龜策列傳》來看，「工」應與卜祝巫覡有關。楚簡「祉執事人」的「祉」增添示旁，即因其從事與鬼神交通之事。李家浩（2001A）認為「攻執事人」即「攻尹」下屬執行攻祭事務的人員。劉信芳（2003）認為攻執事人，依文義應是主持功說祭儀的神職人員。

〔3〕至（致）命，李家浩（2001A）認為致命即報命的意思，命是使命的意思。為位者就是致福者、致命者。

【白話譯文】

在「東周之客許緄致胙於葴郢之歲」這一年的𤅡月丙辰之日，攻尹的攻執事人夏舉衛偃為左尹𨒨舉禱親王父、司馬子音，一隻牛，進行饋祭。莊敢左尹主祭，祭禱完成後回復命令。

【釋文】

東周之客響（許）緄逞（歸）复（胙）【於】葴郢戠=（之戠—歲），𤅡（𤅡）月酉（丙）脣（辰）音=（之日），祉（攻）尹之祉（攻）䘏（執）事人冒（夏）塈（舉）壟（衛）妝（偃）為子左尹𨒨塈（舉）禂（禱）於殤（殤）東陵連囂（敖）子發，肥犴（豕），蒿祭之。臧（臧—莊）敢為位，既禂（禱）至（致）命。〖225〗

【白話譯文】

在「東周之客許緄致胙於葴郢之歲」這一年的𤅡月丙辰之日，攻尹的攻執事人夏舉衛偃為左尹𨒨舉禱早死的東陵連敖子發，肥豕，並舉行蒿祭。莊敢替左尹主祭，祭禱完成後回復命令。

【釋文】

東【周】之客響（許）緄逞（歸）臂（作—胙）於葴郢戠（歲），冬柰（夕）育=（之月）癸丑音=（之日），翟禂（禱）於卲（昭）王瑿=（瑿—特

牛），大豐（臧）〔1〕，饋之。卲（昭）吉為竛（位）〔2〕，既禱（禱）至（致）禀（福）〔3〕。〖205〗

【注釋】

〔1〕大豐（臧），陳偉（1996）認為似指大羹，是對卲王的特別禮遇。

〔2〕為位，邴尚白（1999）認為卲吉、臧敢很可能就是主祭者。李家浩（2001A）認為「為位」就是《周禮‧春官‧肆師》和《周禮‧春官‧小宗伯》所說的「為位」，據《大宗伯》孫詒讓疏，包括設神位和主祭者之位。

〔3〕致福，李家浩（2001A）認為「致福」在古代有二義，一是歸胙的意思，一是得福的意思。簡文的「致福」用的是前一義。古人認為吃了祭祀過的酒肉可以得福，所以把「致胙」或「歸胙」又叫做「致福」。簡文得「致福」沒有主語，從文義看，「為位」者就是「致福」者。王穎（2004）認為「致福」包含兩種意義，一是古代臣子祭祀後，將祭肉奉獻給國君，表示為君王和國家添福。二是代人主持祭祀，將祭餘之肉奉獻給主人，也稱致福。包山簡中用的就是後一種意義。

【白話譯文】

在「東周之客許緹致胙於葳郢之歲」這一年的冬夕之月癸丑之日，罷禱文平輿君、邵公子春、司馬子音、蔡公子家，各一隻豢，進行饋祭，進獻大羹。昭吉替左尹主祭，祭禱完成後將牲肉帶回。

【釋文】

東周之客酓（許）緹逗（歸）復（作—胙）於葳郢之散（歲），冬栾（夕）肓=（之月）癸丑音=（之日），罷禱（禱）於文坪（平）夌（夜—輿）君、邸（邵）公子暜（春）、司馬子音、邾（蔡）公子豪（家），各戠（特）豬（豢），饋之。卲（昭）吉為竛（位），既禱（禱）至（致）禀（福）。〖206〗

【白話譯文】

在「東周之客許緹致胙於葳郢之歲」這一年的冬夕之月癸丑之日，罷禱於昭王一隻牛，大羹，進行饋祭。昭吉替左尹主祭，祭禱完成後將牲肉帶回。

【釋文】

東周之客酓（許）緹逗（歸）复（胙）於葳郢之散（歲），遠栾（夕）肓=（之月）癸卯音=（之日），苛光邑（以）長懇（惻）〔1〕為右（左）尹卲（昭）

尨貞：疒（病）腹疾，㠯（以）少悥（氣）〔2〕，尚毋又（有）咎。占之：貞吉，少（稍）未巳（已）〔3〕。㠯（以）亓（其）古（故）緐（說）之，屛（厭）〔4〕於埜（野）堕（地）宔（主）〔5〕一貃（貃─殺），宮堕（地）宔（主）一貃（貃─殺），【207】賽於行〔6〕一臭＝（白犬），酉（酒）飤。占之曰：吉，劑（荊）屍（夷）虞（且）見王。【208】

【注釋】

〔1〕長悥（側），216 號簡又作「長㞑」，應是長形筮類占卜工具。

〔2〕少氣，陳偉（1996）認為「少氣」亦見於《黃帝內經》，如《氣交變大論》云：「民病瘧少氣咳喘」，王冰注：「少氣謂氣少不足以息也。」劉信芳（2003）認為「少氣」即所謂「喘」，「上氣」即所謂「逆氣」。

〔3〕巳（已），何琳儀（1998）認為巳，讀已。《呂覽‧至忠》「病乃遂已」，注「已，除愈也。」

〔4〕屛（厭），還見於 219 號簡，整理者（1991）引《禮記‧曾子問》：「攝主不厭祭」，注：「厭，厭飫神也」。李家浩（2001B）認為簡文的厭祭就是祭地祇，與《禮記》所說的厭祭是人鬼有所不同。「厭」即「饜」的初文，是飽的意思。簡文厭祭大概是用「厭」的本義，指以食物饜飫神。

〔5〕埜（野）堕（地）宔（主），與「宮地主」相對，掌管郊野的土地神。

〔6〕行，道路之神。

【白話譯文】

在「東周之客許緄歸胙於葳郢之歲」這一年的遠夕之月癸卯之日，苛光用長側為左尹昭尨貞問：有病了腹部疼，氣少不足以息，希望不要有災禍。占卜後視兆：吉利，（疾病）稍微沒有停止。因為這個緣故進行「說」，厭祭野地主一隻殺，宮地主一隻殺，賽禱行一隻白犬，以酒獻之。占卜後視兆說：吉利，荊夷將見到君王。

【釋文】

大司馬悥（悼）髖（滑）迸（將）楚邦之帀（師）徒㠯（以）戝（救）郙（巴）戠＝（之戠─歲）〔1〕，劑（荊）屍（夷）肓＝（之月）己卯音＝（之日），盠（鹽）吉㠯（以）琛（寶）豪（家）為左尹尨貞：出內（入）寺（侍）王，自劑（荊）屍（夷）肓＝（之月）㠯（以）臺（就）集戝（歲）之劑（荊）屍（夷）肓＝（之月），聿（盡）集戝（歲），躬身尚毋又（有）咎。占之：死（恆）貞吉，少（稍）【226】又（有）悥（戚）窮（躬）身。㠯（以）亓（其）古

（故）敓（說）之，睾（舉）禶（禱）鼬（蝕）犬（太）一全豬〈豶—豢〉，睾（舉）禶（禱）髁（兄）佛（弟）無遂（後）者〔2〕，卲（昭）良、卲（昭）䒦（乘）、縣貉（貉）公，各狂（家）豕，酉（酒）飤，蒿之。䀋（鹽）吉占之曰：吉。〖227〗

【注釋】

〔1〕大司馬悼滑將楚邦之師徒以救郙（巴）之歲，楚國以事紀年，公元前316年。悼滑就是史籍中所說的楚國滅越的功臣卓滑，曾任大司馬之職。「郙」就是巴國，為秦所滅。

〔2〕髁（兄）佛（弟）無遂（後）者，應即249號簡「絕無後者」。

【白話譯文】

在「大司馬悼滑將楚邦之師徒以救巴之歲」這一年的荊夷之月己卯之日，鹽吉用寶家為左尹㐌貞問：出入侍王，自荊夷之月以至下一年的荊夷之月，一整年，希望身體不要有災禍。占卜後視兆：長久來看吉利，身體稍有憂戚。因為這個緣故進行「說」，舉禱蝕太一隻完整的豢；舉禱兄弟無後者昭良、昭乘、縣貉公，各豕豕，以酒獻之，進行蒿祭。鹽吉占卜後視兆說：吉利。

【釋文】

大司馬惡（悼）髆（滑）遅（將）楚邦之帀（師）徒㠯（以）救郙（巴）之戠（歲），勸（荊）屄（夷）肎=（之月）己卯音=（之日），墜（陳）乙㠯（以）共命〔1〕為左尹㐌貞：出內（入）坒（寺—侍）王，自勸（荊）屄（夷）肎=（之月）㠯（以）豪（就）集戠（歲）之勸（荊）屄（夷）肎=（之月），聿（盡）集戠（歲），㝊（躳）身尚毋又（有）咎。〖228〗占之：惡（恆）貞吉，少（稍）又（有）僡（戚）於宮室。㠯（以）亓（其）古（故）敓（說）之，睾（舉）禶（禱）宮行一白犬，酉（酒）飤。囟（思—使）攻敘（除）〔2〕於宮室。五生占之曰：吉。〖229〗

【注釋】

〔1〕共命，占卜工具，劉信芳（2003）認為「命」讀為「笭」，「共笭」是以織車笭之竹片用作占筮，或讀「命」為「笭」，乃香草名，似亦可通。

〔2〕攻敘（除），是「攻而除」的意思。

【白話譯文】

在「大司馬悼滑將楚邦之師徒以救巴之歲」這一年的荊夷之月己卯之日，陳乙用為共命左尹㐨貞問：出入侍王，自荊夷之月以至下一年的荊夷之月，一整年，希望身體不要有災禍。占卜後視兆：長久來看吉利，家中稍有憂戚。因為這個緣故進行「說」，舉禱宮行一隻白犬，以酒獻之。使人用「攻」的方法解除家中（鬼神邪祟帶來的憂患）。五生占卜後視兆說：吉利。

【釋文】

大司馬恩（悼）䯅（滑）遅（將）楚邦之帀（師）徒㠯（以）救郙（巴）之戠（歲），勜（荊）屄（夷）肯=（之月）己卯音=（之日），䍲（觀）繎（繡）㠯（以）長靁（靈）〔1〕為左尹㐨貞：出內（入）㝏（寺—侍）王，自勜（荊）屄（夷）肯=（之月）㠯（以）䠀（就）集戠（歲）之勜（荊）屄（夷）肯=（之月），聿（盡）集戠（歲），窮（躬）身尚毋又（有）咎。〖230〗占之：惢（恆）貞吉，少（稍）又（有）傶（戚）也。㠯（以）亓（其）古（故）繁（說）之，囟（思—使）攻（工）祚（祝）〔2〕逯（歸）繡（佩）、聠（鈕）〔3〕、冠、繡（帶）於南方〔4〕。䍲（觀）繎（繡）占曰：吉。〖231〗

【注釋】

〔1〕長靁（靈），名「靈」的占卜工具應該都是龜屬，如「駁靈」、「黃靈」、「尨靈」。《論衡・實知》：「若蓍龜之知吉凶，蓍草稱神，龜稱靈矣。」

〔2〕攻（工）祚（祝），于成龍（1997）認為《周禮・春官・大祝》：「大祝，掌六祝之辭。以示鬼神示，祈祥福求永貞。一曰順祝，二曰年祝，三曰吉祝，四曰。五曰瑞祝，六曰祝。」簡文攻祝之祝與此同。李家浩（2001A）認為攻祝當讀為「工祝」，是指祝官。

〔3〕聠（鈕），字從「耳」從「肘」，可能與214號簡「鈕」為同一物。

〔4〕南方，神名，與之相似的還有「北方」，南方、北方也可以指方位。

【白話譯文】

在「大司馬悼滑將楚邦之師徒以救巴之歲」這一年的荊夷之月己卯之日，觀繡用長靈為左尹㐨貞問：出入侍王，自荊夷之月以至下一年的荊夷之月，一整年，希望身體不要有災禍。占卜後視兆：長久來看吉利，稍有憂戚。因為這個緣故進行「說」，讓工祝餽贈南方佩、鈕、冠、帶。觀繡占卜後視兆說：吉利。

【釋文】

　　大司馬恕（悼）體（滑）送（將）楚邦之帀（師）徒己（以）救郙（巴）戠=（之戠─歲），劃（荊）屄（夷）肻=（之月）己卯脊=（之日），五生己（以）承悳（德）為左尹龅貞：出內（入）麦（寺─侍）王，自劃（荊）屄（夷）肻=（之月）已（以）豪（就）集戠（歲）之劃（荊）屄（夷）肻=（之月），聿（盡）集戠（歲），窮（躬）身尚毋又（有）咎。【232】占之：翌（恆）貞吉，少（稍）又（有）惣（戚）於宮室，瘠（癥）〔1〕。己（以）亓（其）古（故）敚（說）之，舉（舉）襠（禱）宮氐（侯─后）土〔2〕，一鮮（羖），舉（舉）襠（禱）行，一白犬，酉（酒）飤，閔〔3〕於大門〔4〕，一白犬。五生占之曰：吉。【233】

【注釋】

〔1〕瘠（癥），沈培（2006）認為當讀為「敝」，乃破敗、壞的意思。

〔2〕宮氐（侯─后）土，地神之中分司宮宅之地者。

〔3〕閔，整理者（1991）認為讀作閥，《廣雅・釋詁一》：「伐，殺也」。劉信芳（1999）認為「閔」字從門戈聲，字讀如「磔」，「磔」或作「矺」。史傑鵬（2005）懷疑「木」是「戈」的訛變，「閔」字也許就是後來的「磔」字，應該分析為從「門」從「戈」會意，古代有在城門殺狗禳災的風俗。宋華強（2007B）把「閔」看作是「閦」字的省寫，可讀為「伏」，「伏」跟「磔」的區別之處在於後者只是磔之而已，而前者是既磔之，再伏之於軷壤之上，又以車轢之。此字還見於清華簡《繫年》，整理者（2011）讀為「攣」。陳偉（2011）認為即「門」字，「閔方城」即攻打方城之門，卜筮簡中的「閔」字，應是用作門祀之字。

〔4〕大門，五祀之一的門。

【白話譯文】

　　在「大司馬悼滑將楚邦之師徒以救巴之歲」這一年的荊夷之月己卯之日，五生用承德為左尹龅貞問：出入侍王，自荊夷之月以至下一年的荊夷之月，一整年，希望身體不要有災禍。占卜後視兆：長久來看吉利，家中稍有憂戚，會有敗壞。因為這個緣故進行「說」，舉禱宮后土，一隻羖，舉禱行，一隻白犬，以酒獻之，閔祭大門，一隻白犬。五生占卜後視兆說：吉利。

【釋文】

　　大司馬恕（悼）體（滑）送（將）楚邦之帀（師）徒己（以）救郙

（巴）戢=（之戢—歲），𠩺（荊）层（夷）肴=（之月）己卯音=（之日），譻（許）吉㠯（以）䮄（駁）䨓（䨓—靈）〔1〕為左尹𦨶貞：出內（入）寺（侍）王，自𠩺（荊）层（夷）肴=（之月）㠯（以）𦣻（就）集戢（歲）之𠩺（荊）层（夷）肴=（之月），聿（盡）集戢（歲），躳（船）身尚毋又（有）咎。譻（許）吉〖234〗占之：吉，無咎，無祭（祟）。〖235〗

【注釋】

〔1〕䮄（駁）䨓（䨓—靈），占卜工具，還見於新蔡葛陵楚簡，李零（1993）認為「駁靈」可能是「靈」中顏色駁雜者。宋華強（2007A）認為「𧴪」、「駁」並從「爻」聲，疑當讀為「皎」，大概是特指較為明亮的白色。

【白話譯文】

在「大司馬悼滑將楚邦之師徒以救巴之歲」這一年的荊夷之月己卯之日，許吉用駁靈為左尹𦨶貞問：出入侍王，自荊夷之月以至下一年的荊夷之月，一整年，希望身體不要有災禍。許吉占卜後視兆：吉利。沒有災禍，沒有鬼神邪祟。

【釋文】

大司馬愳（悼）髍（滑）逘（將）楚邦之帀（師）徒㠯（以）救（救）郙（巴）戢=（之戢—歲），𠩺（荊）层（夷）肴=（之月）己卯音=（之日），𧶜（盬）吉㠯（以）琛（寶）冡（家）為左尹𦨶貞：既腹心疾，㠯（以）𨑥（上）悉（氣）〔1〕，不甘飤（食），舊（久）不瘻（瘥），尚速瘻（瘥），毋又（有）柰（祟）。占之：死（恆）貞吉，疾難瘻（瘥）。㠯（以）〖236〗亓（其）古（故）敓（說）之，舉（舉）禱（禱）大（太）一𤛒（𤘽），厌（侯—后）土、司命各一牂，舉（舉）禱（禱）大水，一犆（𤛒—𤘽），二天子，各一牂，危山一𦍩（羖），舉（舉）禱（禱）楚先老僮（童）、𥛔（祝）融（融）、媸（毓—鬻）酓（熊），各兩𦍩（羖），亯祭〔2〕篙之高丠（丘）、下丠（丘）〔3〕，各一全〖237〗豢〈豨—豢〉。囟（思—使）左尹𦨶遱（踐）復（復）凥（處）〔4〕。囟（思—使）攻解於戢（歲）〔5〕。𧶜（盬）吉占之曰：吉。〖238〗

【注釋】

〔1〕𨑥（上）悉（氣），《周禮・天官・疾醫》：「冬時有咳上氣疾」，注：「逆喘也」。

〔2〕亯祭，整理者（1991）引《廣雅・釋言》：「亯，祀也」。劉信芳（2003）認為是祭名，或稱亯祀，楚帛書丙篇「不可以亯祀」。或單稱亯，望山簡1-28：「亯歸佩玉一環柬大王」。胡雅麗（2003）認為享祭即以酒食祭獻神靈的祭祀。

〔3〕筤之高坒（丘）、下坒（丘），整理者（1991）認為高丘、下丘是地名，高丘見於《鄂君啟節》。李零（1993）認為指高丘和矮丘。後來李零（1994）又認為「高丘」可能即《楚辭‧離騷》中「哀高丘之無女」的「高丘」。何琳儀（1993）認為包山簡「高丘」則為山名。《文選‧高唐賦》「妾在巫山之陽，高丘之岨。」應在三峽之中，為楚人膜拜之神山。李家浩（2000）認為簡文的「筤」當讀為《漢書‧地理志》沛郡屬縣的「竹」，「高丘」、「下丘」當在「竹」的附近。也就是說鄂君啟節銘文等的「高丘」，當在今安徽宿縣北的符離集附近。此地位於淮水北不遠，跟有人把《高唐賦》中與「高丘」同時出現的「巫山」、「高唐」定在淮水流域是一致的

〔4〕逴（踐）返（復）尻（處），「踐」意為「居住」，《方言》卷三：「廛，尻也。東齊海岱之間或曰廛，或曰踐。」「踐復處」的意思是「居住要返回原來的住處」。

〔5〕歲（歲），整理者（1991）引《說文》：「歲，木星也」。古人以為歲星所處的方位吉利。李零（1993）認為指太歲。

【白話譯文】

在「大司馬悼滑將楚邦之師徒以救巴之歲」這一年的荊夷之月己卯之日鹽吉用寶家為左尹𨊠貞問：腹、心已經有疾，氣逆喘，食不甘味，久久不能痊愈，希望快速痊愈，不要有鬼神邪祟。占卜後視兆：長久來看吉利，疾病難痊愈。因為這個緣故進行「說」，舉禱太一隻猪，后土、司命各一羘，舉禱大水，一隻猪，二天子，各一隻羘，危山一隻羖，舉禱楚先老童、祝融、鬻熊，各兩羖，宜祭筤之高丘、下丘，各一隻完整的豢。讓左尹𨊠居住時返回原來的處所。使人用「攻」的方法解除歲（帶來的憂患）。鹽吉占卜後視兆說：吉利。

【釋文】

大司馬𢛯（悼）𩨉（滑）遟（將）楚邦之帀（師）徒㠯（以）救郙（巴）之歲（歲），劃（荊）层（夷）肙=（之月）己卯音=（之日），墜（陳）乙㠯（以）共命為左尹【𨊠】貞：既腹心疾，㠯（以）赱（上）𢙏（氣），不甘飤（食），尚速瘥（瘥），毋又（有）柰（祟）。占之：𢙏（恆）貞吉，疾【239】弁（變）〔1〕，又（有）瘝（瘝—續）〔2〕，遞（遟）〔3〕瘥（瘥）。㠯（以）元（其）古（故）䊷（說）之，嬰（舉）禬（禱）五山〔4〕各一羘，嬰（舉）禬（禱）邵（昭）王戠（特）牛，饋之，嬰（舉）禬（禱）文坪（平）昷（夏—輿）君子良、部公子萅（春）、司馬子音、䣓（蔡）公子豪（家），各戠（特）豢〈豢—豢〉，【240】饋之。囟（思—使）攻解於虞（詛）〔5〕與兵死〔6〕。舁（輿—

舉）譻（鹽）吉之繁（說），宮祭篙之高垤（丘）、下垤（丘），各一全豨（豢）。
墜（陳）乙占之曰：吉。〖241〗

【注釋】

〔1〕疾弁（變），李零（1993）認為疾變指病情惡化。陳偉（1996）認為「疾弁」是
　　　說病情緊急。望山楚簡中有「驆歟」、「善歟」，王凱博（2019）將「歟」解釋為
　　　嘔吐。

〔2〕又（有）瘍（瘍—續），指病情延續之義。

〔3〕遞（遲），「遞」讀為「遲」，表示疾病遲愈。

〔4〕五山，李零（1993）認為應指五大名山，具體不詳。陳偉（1996）認為「五山」
　　　指五座山而非一山之名，不知五山有無五嶽之意。胡雅麗（2001）認為「五山」
　　　應該是楚國境內五座有名的大山，而「坐山」則可能是其中之一座，也可能另
　　　有所指。宋華強（2007A）認為新蔡葛陵楚簡甲二29有「五宝山」，可能就是
　　　「五山」。

〔5〕虞（詛），職司「詛咒」。

〔6〕兵死，整理者（1991）認為兵死指死於戰事。連劭名（2001）認為凡為利器所
　　　害，皆為「兵死」，不僅限於戰爭。

【白話譯文】

　　在「大司馬悼滑將楚邦之師徒以救巴之歲」這一年的荊夷之月己卯之日，陳乙用
共命為左尹舵貞問：腹、心已經有疾，氣逆喘，食不甘味，久久不能痊愈，希望快速
痊愈，不要有鬼神邪祟。占卜後視兆：長久來看吉利，疾病有變，病情延續，痊愈遲
緩。因為這個緣故進行「說」，舉禱五山各一隻牂，舉禱昭王一隻牛，進行饋祭，舉禱
文平輿君子良、郚公子春、司馬子音、蔡公子家，各一隻豢，進行饋祭。使人用「攻」
的方法解除詛和兵死（帶來的憂患）。採用鹽吉的「說」，宮祭篙之高丘、下丘，各一
隻完整的豢。陳乙占卜後視兆說：吉利。

【釋文】

　　大司馬惡（悼）髐（滑）遲（將）楚邦之市（師）徒己（以）救郙（巴）
之戠（歲），劃（荊）屌（夷）之月己卯音=（之日），儸（觀）緔（繡）己（以）
長霝（靈）為左尹舵貞：既腹心疾，己（以）走（上）惡（氣），不甘飲（食），
舊（久）不瘋（瘥），尚速瘋（瘥），〖242〗毋又（有）奈（祟）。占之：惢（恆）
貞吉，疠（病）遞（遲）瘋（瘥）。己（以）亓（其）古（故）攸（說）之，

畀（舁—舉）鹽（鹽）吉之繁（說），毀（舉）禧（禱）秋（太）一犒（牂—羘），厌（侯—后）土、司命各一羘；毀（舉）禧（禱）大水，一犒（牂—羘）；二天子，各一羘，危山一牂（殺），毀（舉）禧（禱）卲（昭）王戠（特）牛，饋（饋）之，毀（舉）禧（禱）東陵連囂（敖）豭=（豭—豭豭），酉（酒）飤，蒿之，〖243〗贄（贛—貢）〔1〕之衣裳各三曼（稱）〔2〕，毀（舉）禧（禱）晉（巫）一全獵（狟），虔（且）桓（樹）保，盒（逾）之〔3〕。瞻（觀）繉（繲）占之曰：吉。〖244〗

【注釋】

〔1〕贄（贛—貢），新蔡葛陵楚簡有「贛之」，常與「樂之」、「百之」搭配，有學者把將「贛」讀為「戇」，訓為舞。但本簡的「贛」後面有表示進獻的物品，應以讀為「貢」為宜，指將祭品貢獻於神靈。

〔2〕曼（稱），《左傳・閔公二年》：「祭服五稱」，注：「衣單複具曰稱」。

〔3〕虔（且）桓（樹）保，盒（逾）之，劉釗（1992）認為簡文「保逾之」，應讀為「保俞之」。「愈」，病好之謂也。「保逾之」乃謂保佑病好。李家浩（2001B）認為應該讀為「且樹」，「且」是連詞，「樹」是動詞，位於「樹」後的「保」當是它的賓語，應該是名詞，疑讀為「葆」。簡文「逾」應該讀為「瘉」或「愈」，指病癒。意思是說向巫舉禱用一全狟，並且為巫樹立葆幢，左尹昭它的病就會痊癒。新蔡葛陵楚簡甲三111號簡有「既成衼逾而厭之」，袁金平（2007）認為「攻逾」性質上與「攻解」等詞接近，「逾」當亦是一種祭名或責攘手段。包山簡「逾之」之「逾」，在用法、意義上與上舉「攻逾而厭之」之「逾」應該是一致的。宋華強（2010）認為袁金平對「逾」字用法的推斷是有道理的，同時還指出「逾」當為祭禱或用牲動詞，疑當讀為「剢」，意為「割」。

【白話譯文】

在「大司馬悼滑將楚邦之師徒以救巴之歲」這一年的荊夷之月己卯之日觀繲用長靈為左尹它貞問：腹、心已經有疾，氣逆喘，食不甘味，久久不能痊愈，希望快速痊愈，不要有鬼神邪祟。占卜後視兆：長久來看吉利，疾病痊愈遲緩。因為這個緣故進行「說」，採用鹽吉的「說」，舉禱太一隻羘，后土、司命各一羘，舉禱大水，一隻羘，二天子，各一隻羘，危山一隻殺，舉禱昭王一隻牛，進行饋祭，舉禱東陵連敖豭豭，以酒獻之，進行蒿祭，貢獻衣裳各三稱，舉禱巫一隻完整的狟，並且樹立葆幢，祭祀巫。觀繲占卜後視兆說：吉利。

【釋文】

大司馬悆（悼）髑（滑）已（以）送（將）楚邦之市（師）徒已（以）救（救）郙（巴）【之】戠（歲），頯（荊）屄（夷）育=（之月）己卯音=（之日），五生已（以）承悳（德）昌（以）為左尹紽貞：既腹心疾，已（以）走（上）悬（氣），不甘飤（食），尚速瘥（瘥），毋又（有）柰（祟）。占之：烝（恆）貞吉，疾弁（變），疠（病）窆〔1〕。【245】已（以）元（其）古（故）敓（說）之，舉（舉）禠（禱）頯（荊）王，自酓（熊）鹿（麗）〔2〕已（以）豪（就）武王，五牛、五豕。因（思—使）攻解於水上與縡（溺）人〔3〕。五生占之曰：吉。【246】

【注釋】

〔1〕疠（病）窆，整理者（1991）指出此謂疾病變重。

〔2〕酓（熊）鹿（麗），「酓鹿」還清華簡《楚居》，整理者（2010）以為包山楚簡「熊鹿」與《楚居》之「熊鹿」為同一人。孟蓬生（2011）指出包山簡246之「熊鹿」如果指「宵囂（霄敖）」，則從「熊鹿」到武王「熊達（熊通）」為緊接的兩代人，不符合「自……就」的用字習慣。

〔3〕水上與縡（溺）人，李零（1994）指出水上與溺人，前者是漂在水上的，後者是沉在水底的。

【白話譯文】

在「大司馬悼滑將楚邦之師徒以救巴之歲」這一年的荊夷之月己卯之日五生用承德為左尹紽貞問：腹、心已經有疾，氣逆喘，食不甘味，希望快速痊癒，不要有鬼神邪祟。占卜後視兆：占卜結果吉利，疾病有變化，病重。因為這個緣故進行「說」，舉禱荊王從熊麗到武王，五牛、五豕。使人用「攻」的方法解除水上和溺人（帶來的憂患）。五生占卜後視兆說：吉利。

【釋文】

大司馬悆（悼）髑（滑）送（將）楚邦之市（師）徒已（以）救（救）郙（巴）戠=（之戠—歲），頯（荊）屄（夷）育=（之月）己卯音=（之日），營（許）吉已（以）馮（駁）需（靈）為左尹紽貞：既腹心疾，已（以）走（上）悬（氣），不甘飤（食），舊（久）不瘥（瘥），尚速瘥（瘥），毋又（有）柰（祟）。占之：烝（恆）貞吉，疠（病）又（有）瀆（瘙—續）。已（以）【247】元（其）古（故）敓（說）之，舉（舉）禀（禱）大水一羵（犧）馬〔1〕，舉（舉）禠（禱）

吾（郚）公子萅（春）、司馬子音、郘（蔡）公子豪（家），各戠（特）豬（豢），
饋（饋）之，鋻（舉）禱（禱）社一豬（狙）。囟（思—使）攻解日月〔2〕與不
弦（辜）。䜌（許）吉占之曰：吉。〖248〗

【注釋】

〔1〕羣（犧）馬，《尚書・微子》：「今殷民乃攘竊神祇之犧牷牲用」，傳：「色純曰犧」。
〔2〕日月，胡雅麗（2001）認為日月即太陽與月亮。在楚人的神譜中，「日」、「月」
的地位很低，遠下於四方神，可能與楚人以為日月的出入受四時支配有關。

【白話譯文】

在「大司馬悼滑將楚邦之師徒以救巴之歲」這一年的荊夷之月己卯之日。許吉用
駁靈為左尹舵貞問：腹、心已經有疾，氣逆喘，食不甘味，久久不能痊愈，希望快速
痊愈，不要有鬼神邪祟。占卜後視兆：長久來看吉利，疾病加重。因為這個緣故進行
「說」，舉禱大水一隻純色馬，舉禱郚公子春、司馬子音、蔡公子家，各一隻豢，進行
饋祭，舉禱社一隻狙。使人用「攻」的方法解除日月與不辜（帶來的憂患）。許吉占卜
後視兆說：吉利。

【釋文】

大司馬忍（悼）愲（滑）救郙（巴）之戠（歲），頯（夏）屟（夷）之月
己亥之日，驥（觀）義昌（以）保（寶）豪（家）為左尹卲舵貞：昌（以）亓
（其）又（有）瘇（重）疠（病）〔1〕，走（上）燹（氣），尚母（毋）死。義
占之：死（恆）貞，不死，又（有）緐（祟）見（現）於螯（絕）無逡（後）
者與槧（漸—斬）木立（位）〔2〕。昌（以）亓（其）古（故）攸（說）之，鋻
（舉）〖249〗禱（禱）於螯（絕）無逡（後）者各肥豬（狙），饋之。命攻解
於槧（漸—斬）木立（位），虔（且）遲（徙）亓（其）尻（處）而桓（樹）
之，尚吉。義占之曰：吉。〖250〗不智（知）亓（其）州名。〖249反〗

【注釋】

〔1〕瘇（重）疠（病），周鳳五（1992）讀為「重病」。后德俊、史珞琳（1994）認
為是浮腫，與心臟疾病嚴重時身體某些部位常常出現浮腫的症狀比較吻合。
〔2〕槧（漸—斬）木立（位），劉信芳（1992B）認為「漸木」即「建木」，蓋其神名
「立」，故稱「漸木立」，「建木」的字面義，即插在地上的木樁（或木板），用
作藉以依神的神位。曾憲通（1993）認為「暫木位」大概是指一些臨時用牌位

安置的神靈。對於這些亡靈作祟，則採用攻解的辦法責讓，甚至把這些臨時安置的牌位遷到別的地方去，以示懲罰。吳郁芳（1996）認為「漸木立」即斷木立，斷木復立在古人看來是「木為變怪」的妖祟，昭佗病重時眼前出現斷木復立的幻覺是不奇怪的，故在驚恐之中趕忙要巫祝「攻解於漸木立」，而且換一個地方將斷木樹立起來。李家浩（2001A）認為「漸木立」之「漸木」應該從吳氏讀為「斬木」，「立」應該從曾氏讀為「位」，「斬木位」猶「叢位」，當指斬木之位，也就是用砍伐的樹木作神位的意思。于成龍（2004）認為「漸木立」即是漸木（鬼名）之位，也就是漸木的祭處。

【白話譯文】

在「大司馬悼滑將楚邦之師徒以救巴之歲」這一年的夏夷之月己亥之日，觀義用寶家為左尹舵貞問：左尹有痛病，氣逆喘，希望不要死。觀義占卜後視兆：長久來看吉利，不會死，有鬼神邪祟出現，是絕無後者與漸木立。因為這個緣故進行「說」，舉禱絕無後者各肥狙，進行饋祭。命人用「攻」的方法解除漸木立（帶來的憂患），並且遷徙它的所處之地而樹於別處，希望吉利。觀義占卜後視兆說：吉利。不知道州的名字。

二、望山 M1 號墓卜筮祭禱簡

【釋文】

齊客張果竆（問）〔王〕於葴郢之歲（歲）〔1〕，獻馬之月乙酉（酉）之日，軛（范）膉（獲）志〔2〕已（以）愴（愴）豪（家）〔3〕為惄（悼）固〔4〕貞：既蹇（寒）☑〖1〗

【注釋】

〔1〕齊客張果問王於葴郢之歲，楚國以事紀年，劉信芳（1997）認為是公元前 332年。白光琦（2002）認為是公元前 296 年。李學勤（2008）認為是公元前 322年。

〔2〕軛（范）膉（獲）志，此貞人還見於天星觀、秦家嘴、彭家灣等楚簡中。

〔3〕愴（愴）豪（家），占卜工具，整理者（1995）指出「豪」17 號簡作「臺」，似當讀為「蓍草」之「蓍」，但在補正中有否定了這一看法。于成龍（2004）認為「蒼豪」指玄色之龜。

〔4〕惄（悼）固，望山 1 號墓墓主，楚國悼氏出自楚悼王。

【白話譯文】

在「齊客張果問王於葴郢之歲」這一年的獻馬之月乙酉之日，范獲用愴家為悼固貞問：感到寒冷……

【釋文】

獻馬之月乙函（酉）之日，苛慶☒【2】

【白話譯文】

獻馬之月乙酉之日，苛慶……

【釋文】

已（以）少（小）箇（籌）〔1〕為悘（悼）固貞：既☒【3】

【注釋】

〔1〕少（小）箇（籌），又寫作「少敝」，筮類占卜工具，整理者（1995）疑小籌即筳之類。

【白話譯文】

用小籌為悼固貞問：既……

【釋文】

膚（獻）馬之月乙☒【4】

【白話譯文】

獻馬之月乙……

【釋文】

郙（巴）客困芻酘（問）王於葴〔郢之歲〕〔1〕☒【5】

【注釋】

〔1〕郙（巴）客困芻問王於葴郢之歲，楚國以事紀年，劉信芳（1997》）認為是公元前331年。白光琦（2002》）認為是公元前295年。李學勤（2008）認為是公元前321年。

【白話譯文】

在「巴客困芻問王於郢之歲」這一年……

【釋文】

困〔䚯〕龢（問）王於〔1〕〔蔵郢之戠（歲），夏〔2〕〕屎（夷）之月癸亥之日☒〖6〗

【注釋】

〔1〕王於，《望山楚簡》中的 204 號簡，在《江陵望山沙塚楚墓》圖版中標為 205 號簡，商承祚（1995）將其綴合於本簡「王於」二字右側。

〔2〕夏，整理者（1995）擬補為「荊」。《楚地出土戰國簡冊合集（四）》（2019）據武漢大學藏楚簡改補為「夏」。

【白話譯文】

在「巴客困䚯問王於郢之歲」這一年的夏夷之月癸亥之日……

【釋文】

䚯龢（問）王於蔵郢之戠（歲），劃（荊）屎（夷）之月癸未之日，郒（魏）鹬（豹）〔1〕已（以）榠（相）豪（家）〔2〕☒〖7〗

【注釋】

〔1〕郒（魏）鹬（豹），又寫作「壐鹬」、「遀鹬」，此貞人還見於秦家嘴楚簡。

〔2〕榠（相）豪（家），整理者（1995）懷疑是一種蓍草的名稱。于成龍（2004）認為是龜類卜筮工具。黃文傑（2004）認為可能是小木樁狀的占卜工具。

【白話譯文】

在「巴客困䚯問王於郢之歲」這一年的荊夷之月癸未之日，魏豹用相家……

【釋文】

䚯龢（問）王【於】蔵郢戠=（之歲），䕹（爨）月癸丑☒〖8〗

【白話譯文】

在「巴客困䚯問王於郢之歲」這一年的爨月癸丑……

【釋文】

䕹（爨）月酉（丙）屎（辰）音=（之日），登（鄧）造已（以）少（小）敝（籌）為悥（悼）固貞：既痤（瘥）〔1〕，已（以）〔2〕惡（悁—悶）心〔3〕，不內（入）飤（食），尚毋為大蚤（蚘—憂）〔4〕。占之：歽（恆）〖9〗貞吉，不為☐☒〖53〗

【注釋】

〔1〕瘥（瘥），「瘥」在簡文中應讀為「瘥」，意為生病。「瘥」既可以指病癒（音 chài），也可以指疾病（音 cuó），在望山簡中，這兩個意義所用的字形是有差別的，指疾病時寫作「瘥」，指病癒時則寫作「瘥」。

〔2〕已（以），可訓為「而」或「又」。

〔3〕悤（悗—悶）心，陳偉（2003）認為指內心悶亂。

〔4〕蛋（蚤—憂），「蛋」讀為「憂」，卜筮祭禱簡中和「尚毋為大蛋」類似的說法還有「尚毋有咎」、「尚毋有大咎」、「尚毋有恙」、「尚毋為蛋」，「憂」應指憂戚。

【白話譯文】

爨月丙辰之日，鄧適用小籌為悼固貞問：生了重病，心悶，吃不進去食物，希望不要有大的憂患。占卜後視兆：占卜結果長久來看吉利，不會……

【釋文】

貪（爨）月丁巳音= （之日），為恩（悼）固還（舉）槀（禱）柬（簡）大王〔1〕、聖（聲）◲〖10〗

【注釋】

〔1〕柬（簡）大王，楚簡王，楚惠王之子熊中。

【白話譯文】

爨月丁巳之日，為悼固舉禱簡大王、聲桓王……

【釋文】

己䣭（酉）之日，苟悤（愴）已（以）瓵◲〖11〗

【白話譯文】

己酉之日，苟愴用瓵……

【釋文】

己䣭（酉）之日◲〖12〗

【白話譯文】

己酉之日……

【釋文】

　　鼢（豹）呂（以）窺（寶）豪（家）為愳（悼）固貞：既瘥（瘥），呂（以）心瘦（悶）〔1〕然，不可呂（以）返（復）思暮（遷），身鞁（疲）〔2〕☑〖13〗

【注釋】

　　〔1〕瘦（悶），右邊所可能從為「夐」字，可隸定為「瘦」，讀為「悶」。

　　〔2〕不可呂（以）返（復）思暮（遷），身鞁（疲），整句的意思是說悼固已經重病，心悶，不可以再想著遷徙，身體會疲憊。此外，將「思」讀為「使」也文從字順，解釋為「不可以再使之遷徙，身體會疲憊」。

【白話譯文】

　　魏豹用以寶家為悼固貞問：生了重病，心悶，不可以再想著遷徙，身體會疲憊。

【釋文】

　　呂（以）賫（寶）豪（家）為愳（悼）固貞：出內（入）寺（侍）王☑〖14〗

【白話譯文】

　　用寶家為悼固貞問：出入侍奉君王……

【釋文】

　　呂（以）賫（寶）豪（家）為愳（悼）固☑〖15〗

【白話譯文】

　　用寶家為悼固……

【釋文】

　　豪（家）☑〖16〗

【白話譯文】

　　家……

【釋文】

　　壨（魏）鼢（豹）呂（以）保（寶）壼（室）〔1〕為愳（悼）固貞：既心㦛（悗—悶），呂（以）癢（塞），善歖（變）〔2〕☑〖17〗

【注釋】

〔1〕保（寶）蠹（室），整理者（1995）認為「蠹」為「豪」的異體，讀為「菩」。

〔2〕善，多次、頻繁，「善變」與38號簡「驟變」意近。

【白話譯文】

魏豹用寶室為悼固貞問：心悶，還感覺堵塞，多次嘔吐。

【釋文】

聲（許）佗已（以）少（小）〔18〕

【白話譯文】

許佗用小……

【釋文】

已（以）軙（廣）慰（側）〔1〕為恝（悼）固〔19〕

【注釋】

〔1〕軙（廣）慰（側），「軙」可讀為「廣」，卜筮工具中的「慰」又可以寫作「剕」，有可能是筮類工具，「廣慰」應該是與「長慰」相對的，一種為較長的菩草，一種為較寬的菩草。

【白話譯文】

用廣側為悼固……

【釋文】

為恝（悼）固〔20〕

【白話譯文】

為悼固……

【釋文】

恝（悼）固貞〔21〕

【白話譯文】

（為）悼固貞問……

【釋文】

貞：走趣（趨）〔1〕事（侍）王，夫=（大夫）已（以）亓（其）未又（有）

篇（爵）立（位），尚速旻（得）事〔2〕。占之：吉，牊（將）旻（得）事▨
〖22〗

【注釋】

〔1〕走趣（趨），《楚地出土戰國簡冊合集（四）》（2019）認為「走趣」猶「趨走」，
　　　奔走服役義。

〔2〕旻（得）事，整理者（1995）認為指得到職事。陳偉（2019）認為「事」也可
　　　能當讀為「仕」。

【白話譯文】

　　貞問：奔走侍奉君王，大夫因其沒有爵位，希望能夠快速得到職事。占卜後視兆：
吉利，將會得到職事。

【釋文】

　　未又（有）篇（爵）立（位），尚速旻（得）事。占之：吉，牊（將）旻
（得）事，少▨〖23〗

【白話譯文】

　　沒有爵位，希望能夠快速得到職事。占卜後視兆：吉利，將會得到職事，稍微……

【釋文】

　　傶（戚）於窮＝（窮—躬身）與宮室，又（有）敓（祟）。已（以）亓（其）
古（故）祱（說）之。〖24〗

【白話譯文】

　　身體和家中稍有憂戚，有鬼神邪祟。因為這個緣故進行「說」。

【釋文】

　　顕（夏）〔1〕旻（得）事。□▨〖25〗

【注釋】

〔1〕顕（夏），夏字前的簡文殘斷，應是指某一時間。

【白話譯文】

　　……得到職事。

【釋文】

占之：吉，旮（幾）宙（中）又（有）憙（喜）於志〔事〕☒【26】

【白話譯文】

占卜後視兆：卜筮所問的期間內所盼望之事有喜訊。

【釋文】

憙（喜）於事。【27】

【白話譯文】

所盼望之事有喜訊。

【釋文】

志事。呂（以）亓（其）古（故）敓（說）之，亯（享）逗（歸）〔1〕繘（佩）玉一環束（簡）大王，擧（舉）禱（禱）宮行，一白犬，酉（酒）飤。☒【28】

【注釋】

〔1〕逗（歸），整理者（1995）指出「歸」有饋贈義。

【白話譯文】

所志之事。因為這個緣故進行「說」，進行享祭，饋贈佩玉一環給簡大王，舉禱宮行一隻白犬，以酒獻之。

【釋文】

恕（悼）固貞：出內（入）寺（侍）王，自〔劏（荊）〕☒【29】呂（以）遼（就）集戠（歲）之劏（荊）〔尿（夷）〕〔1〕☒【30】

【注釋】

〔1〕整理者（1995）認為 29 號簡和 30 號簡似當為一簡的斷片，但斷處不連。參照 31 至 34 號諸簡，此二簡簡文的末一句似可連讀為「自荊夷以就幾歲之荊夷」。

《楚地出土戰國簡冊合集（四）》（2019）認為 29 號、30 號兩簡與 7 號簡也可能本屬一簡，7 號簡與 29 號簡之間缺一「為」字。

【白話譯文】

（為）悼固貞問：出入侍奉君王，從荊夷之月到下一年的荊夷之月……

【釋文】

內（入）時（侍）☑〖31〗

【白話譯文】

出入侍奉（君王）……

【釋文】

王，自劃（荊）层（夷）已（以）₍₁₎☑〖32〗

【注釋】

〔1〕整理者（1995）認為 31 號簡為簡尾，32 號簡為簡首，從文義、字體看，似當相接。31 號簡與 6 號簡也可能是一簡的斷片。

【白話譯文】

（出入侍奉）君王，從荊夷之月……

【釋文】

劃（荊）层（夷）已（以）☑〖33〗

【白話譯文】

從荊夷之月……

【釋文】

遼（就）集戠（歲）之₍₁₎☑〖34〗

【注釋】

〔1〕整理者（1995）懷疑 33 號簡和 34 號簡亦同簡斷片，斷處不能密合，但其間似無缺字。34 號簡「之」字下可補出「荊夷」二字，此二簡與 14 號簡也可能本屬一簡。

【白話譯文】

到下一年的……

【釋文】

〔恩（悼）〕固貞：死（恆）貞〔吉〕☑〖35〗

【白話譯文】

（為）悼固貞問：占卜結果長久來看吉利……

【釋文】

為惡（悼）固貞：既心〔季（悗─悶）〕☒【36】

【白話譯文】

為悼固貞問：心悶……

【釋文】

㠯（以）不能飤（食），㠯（以）心季（悗─悶），㠯（以）欼（變），腦（胸）臄（脅）疾，尚☒【37】

【白話譯文】

無法進食，心悶，嘔吐，胸脅處疼，希望……

【釋文】

㠯（以）心季（悗─悶），不能飤（食），㠯（以）聚（驟）欼（變）〔1〕，足骨疾☒【38】

【注釋】

〔1〕聚（驟）欼（變），整理者（1995）指出「聚」當讀為「驟」。《小爾雅‧廣言》：「驟，數也。」王凱博（2019）將「欼」解釋為嘔吐。

【白話譯文】

心悶，無法進食，多次嘔吐，足骨處疼……

【釋文】

聚（驟）欼（變），足骨疾，尚毋死。占之：死（恆）貞吉，不死☒【39】

【白話譯文】

多次嘔吐，足骨處疼，希望不要死。占卜後視兆：長久來看吉利，不會死……

【釋文】

㠯（以）瘥（瘥─瘥），尚毋㠯（以）亓（其）古（故）又（有）大咎。占之：死（恆）貞〔吉〕☒【40】

【白話譯文】

生了重病，希望不要因為這個原因有大的禍咎。占卜後視兆：長久來看吉利……

【釋文】

首疾，尚毋☒〖41〗

【白話譯文】

頭疼，希望不要……

【釋文】

首疾☒〖42〗

【白話譯文】

頭疼……

【釋文】

既🔲然〔1〕，已（以）☒〖43〗

【注釋】

〔1〕🔲，劉國勝（2000）釋為「倉」，讀作「寒」，「倉然」是表示「寒熱」的習慣詞，指人的一種症狀，中醫學稱作「惡寒發熱」。今按：🔲字與「倉」字常見寫法不同，還有待證實，而且此字所在斷簡與「然」字所在斷簡拼合並不緊密。

【白話譯文】

惡寒發熱……

【釋文】

速瘥（瘥）〔1〕，毋已（以）亓（其）古（故）又（有）咎。占之☒〖44〗

【注釋】

〔1〕瘥（瘥），在望山簡中，指疾病時寫作「痤（瘥）」，指病癒時則寫作「瘥（瘥）」。

【白話譯文】

快速病癒，不要因為這個原因有大的禍咎。占卜後視兆……

【釋文】

死（恆）貞吉，疾少（稍）迡（遲）瘥（瘥），又（有）☒〖45〗

【白話譯文】

長久來看吉利，疾病稍遲痊愈……

【釋文】

　　尚毌又（有）咎。占☑〖46〗

【白話譯文】

　　希望不要有禍咎。占卜……

【釋文】

　　〔毌〕死。占之☑〖47〗

【白話譯文】

　　不要死，占卜後視兆……

【釋文】

　　死。占之☑〖48〗

【白話譯文】

　　死，占卜後視兆……

【釋文】

　　死（恆）貞吉，又（有）見（現）殃（祟）。呂（以）亓（其）古（故）敚（說）之☑〖49〗

【白話譯文】

　　長久來看吉利，有鬼神邪祟出現，因為這個緣故進行「說」……

【釋文】

　　憙（續），又（有）見（現）殃（祟），宜禱〔1〕　〔2〕☑〖50〗

【注釋】

〔1〕宜禱，商承祚（1995）認為當是舉行宜祭儀式而禱告於社神的禱名。《書‧泰誓》：「類於上帝，宜於冢土。」注：「祭社曰宜。冢土，社也。」
〔2〕　，商承祚（1995）釋為「社」。

【白話譯文】

　　病情持續，有鬼神邪祟出現，宜禱　……

【釋文】

　　不旻（得）稟（福）〔1〕，毌呂（以）亓（其）古（故）〔敚（說）〕☑〖51〗

【注釋】

〔1〕不具（得）馭（福），《墨子・公孟》：「雖子不得福，吾言何遽不善？」

【白話譯文】

得不到福，不要因為這個緣故進行「說」……

【釋文】

之，速因亓（其）禽（禽）〔1〕，馭（禱）之，速瘥（瘥），賽〖52〗之，藋（觀）☑〖175〗

【注釋】

〔1〕因亓（其）禽（禽），《楚地出土戰國簡冊合集（四）》（2019）指出「禽」指祭
品，包山楚簡222號有「因其常生（牲）」。今按：唐維寺楚簡也有「因其禽（禽）」，
因指因襲、依仍。

【白話譯文】

快速因襲它的禽牲，祭禱它，快速病癒，賽禱它，觀……

【釋文】

吉，不死，又（有）祘（祟）。呂（以）亓（其）古（故）敓（說）之，
邀（舉）馭（禱）犬（太），莆（佩）玉一環，庆（侯—后）土、司命，各一少
（小）環，大水，備（佩）玉一環。罌（魏）尉（豹）☑〖54〗

【白話譯文】

吉利，不會死，有鬼神邪祟，因為這個緣故進行「說」，舉禱太佩玉一環，后土、
司命各一小環，大水佩玉一環。魏豹……

【釋文】

吉。秋（太），一牂，句（后）土、司命，各一羖（羖）〔1〕，大水☑〖55A〗
一環，䁡（舉）襛（禱）於二天〔子〕☑〖55B〗

【注釋】

〔1〕羖（羖），字從「及」得聲，讀為羖，可指公羊或黑羊。

【白話譯文】

吉利。太一隻牂，后土、司命各一隻羖，大水……

一環，舉禱二天子……

【釋文】

舉（舉）禑（禱）於祆（太），一環，句（后）土、司〔命〕☑〖56〗

【白話譯文】

舉禱太一環，后土、司命……

【釋文】

吉，不☑〖57〗

【白話譯文】

吉利，不會……

【釋文】

死，又（有）☑〖58〗

【白話譯文】

死，有……

【釋文】

吉，不死。☑〖59〗

【白話譯文】

吉利，不會死……

【釋文】

不死，又（有）敓（祟）☑〖60〗

【白話譯文】

不會死，有鬼神邪祟……

【釋文】

無大咎，疾屖（遲）瘥（瘥），又（有）祱（祟）。已（以）亓（其）古（故）敓（說）之，賽☑〖61〗

【白話譯文】

沒有大的災禍，疾病稍遲痊愈，有鬼神邪祟。因為這個緣故進行「說」，賽禱……

【釋文】

又（有）瘇（續），遅（遲）瘟（瘥）。已（以）亓（其）古（故）敚（說）之，㠯（舉）☑〖62〗

【白話譯文】

病情延續，遲緩痊愈。因為這個緣故進行「說」，賽禱……

【釋文】

少（稍）屄（遲）瘟（瘥）。已（以）亓（其）古（故）敚（說）之，轟（輿一舉）壁（魏）訋（豹）之祢（說），遌（舉）☑〖63〗

【白話譯文】

稍微遲緩痊愈。因為這個緣故進行「說」，採用魏豹的「說」……

【釋文】

遅（遲）瘟（瘥）☑〖64〗

【白話譯文】

遲緩痊愈……

【釋文】

瘟（瘥），又（有）瘇（續）☑〖65〗

【白話譯文】

痊愈，病情持續……

【釋文】

疾，㕻（丙）、丁又（有）瘳（間），辛〖66〗瘟（瘥）。〖153〗

【白話譯文】

丙日、丁日有好轉，辛日病癒……

【釋文】

己未又（有）冽（間），辛、壬瘟（瘥）☑〖67〗

【白話譯文】

己未之日有好轉，辛日、壬日病癒……

【釋文】

乙、㫰（丙）少（稍）☐〖68〗

【白話譯文】

乙日、丙日稍微……

【釋文】

壬、癸大又（有）翏（瘳）〔1〕☐〖69〗

【注釋】

〔1〕翏（瘳），又寫作「瘐」。新蔡葛陵楚簡甲三 22、59 號有「速瘳速瘻（瘥）」，「瘳」與「瘻」的意義應略有差別。宋華強（2010）認為「大有瘳」與「良有間」句義、句式皆同，「間」在簡文中也不該解釋為現代所謂「痊癒」，而應該如所引《釋文》訓為「差」，即現代所謂「好轉」，「有良間」意思就是「（病情）有大的好轉」。

【白話譯文】

壬日、癸日有大的好轉……

【釋文】

訂（始）閯（間），庚申☐〖70〗

【白話譯文】

開始好轉，庚申……

【釋文】

癸丑、甲寅☐〖71〗

【白話譯文】

癸丑、甲寅……

【釋文】

未、壬申☐〖72〗

【白話譯文】

未、壬申……

【釋文】

咎，少（稍）又（有）慼（戚）於☑〖73〗

【白話譯文】

災禍，稍有憂戚……

【釋文】

牆（將）又（有）慼（戚）於窮=（窮─躬身）與☑〖74〗

【白話譯文】

將會稍有憂戚在身體和……

【釋文】

又（有）慼（戚）於躬（躬身）〔1〕與宮室，虞（且）☑〖75〗

【注釋】

〔1〕躬，卜筮祭禱簡中常見「躬身與宮室」，本簡「躬」下沒有合文符號。

【白話譯文】

身體和家中有憂戚，並且……

【釋文】

北方〔1〕又（有）敓（祟）☑〖76〗

【注釋】

〔1〕北方，唐維寺 M126 號墓 2 號簡有「北方劜玉一環」，北方為神名。作為神名與祟搭配，一般作「有祟見於 XX」，此處北方可能就是指方向。

【白話譯文】

北方有鬼神邪祟……

【釋文】

南方又（有）敓（祟）與晉〔1〕=（巫，巫）見（現）☑〖77〗

【注釋】

〔1〕晉（巫），有「嗇」、「害」、「謫」等意見，均誤。

【白話譯文】

南方有鬼神邪祟和巫，巫出現……

【釋文】

於父犬（太）〔1〕，與新（親）父，與不姤（辜），與累（盟）虜（詛），與
■☑〖78〗

【注釋】

〔1〕父犬（太），董珊（2007A）將「犬」讀為「厲」，認為「厲」是一個集合概念，
即「厲鬼」，望山楚簡中的「父犬」之「父」是宗法上的父，有別於生身之父的
「親父」，「父犬」指病者之父所為的厲鬼。

【白話譯文】

父太，及親父，及不辜，及盟詛，及■……

【釋文】

祆（太），與☑〖79〗

【白話譯文】

太，及……

【釋文】

㠯（以）新（親）父☑〖80〗

【白話譯文】

親父……

【釋文】

又（有）祱（祟）。㠯（以）亓（其）古（故）敓（說）之，嬰（舉）☑
〖81〗

【白話譯文】

有鬼神邪祟。因為這個緣故進行「說」，舉……

【釋文】

㠯（以）亓（其）古（故）敓（說）之，賽纛（禱）於☑〖82〗

【白話譯文】

因為這個緣故進行「說」，賽禱……

【釋文】

  㠯（以）亓（其）☑〖83〗

【白話譯文】

  因為……

【釋文】

  古（故）敓（說）☑〖84〗

【白話譯文】

  （因為這個）緣故進行「說」……

【釋文】

  㠯（以）亓（其）古（故）☑〖85〗

【白話譯文】

  因為這個緣故……

【釋文】

  敓非〔1〕祭█〔2〕☑〖86〗

【注釋】

〔1〕非，《楚地出土戰國簡冊合集（四）》（2019）認為有可能是「門」字。今按：
  天星觀7號簡有「宮（享）禱（薦）非一☑」，「非」有可能是被祭祀的神靈之
  一。

〔2〕█，整理者（1995）釋為「祝」。《楚地出土戰國簡冊合集（四）》（2019）認為
  有可能是「祀」字。

【白話譯文】

  敓非祭祀……

【釋文】

  █亓（其）古（故）㠯（以）冊〔1〕☑〖87〗

【注釋】

〔1〕█其故以冊，商承祚（1995）將87號簡與170號簡綴合。《楚地出土戰國簡冊
  合集（四）》（2019）讚同此意見，並引葛陵甲三137號簡有「冊告」。今按：115

號簡有「冊於東石公」,「冊」並不只與「告」連用,因此暫不拼合 87 號簡與
170 號簡。

【白話譯文】

這個緣故冊……

【釋文】

痼呂（以）黃靁（靈）〔1〕習之,同祱（祟）。聖（聲）王〔2〕、恳（悼）王
〔3〕既賽䖒（禱）☑【88】

【注釋】

〔1〕黃靁（靈）,還見於秦家嘴楚簡,指黃色的龜類占卜工具。

〔2〕聖（聲）王,楚聲王熊當,亦稱「聲桓王」。

〔3〕恳（悼）王,楚悼王熊疑,亦稱「悼哲王」。

【白話譯文】

痼用黃靈習卜,鬼神邪祟相同。已經賽禱了聲王、悼王……

【釋文】

己未音=（之日）賽䖒（禱）王孫巢〔1〕☑【89】

【注釋】

〔1〕王孫巢,又寫作「王孫喿」,整理者（1995）認為王孫喿大概是東邸公之子,東
邸公是王子,所以他的兒子稱王孫。

【白話譯文】

己未之日賽禱王孫巢……

【釋文】

乙丑音=（之日）賽䖒（禱）先☑【90】

【白話譯文】

乙丑之日賽禱先……

【釋文】

〔1〕雚（觀）叴習之呂（以）黃靁（靈）,占【91】之曰:〔吉〕【100】

【注釋】

〔1〕 ，整理者（1995）認為有兩個字，未釋。商承祚（1995）釋後一字為「一」。《楚地出土戰國簡冊合集（四）》（2019）認為據紅外影像判斷恐只有一字。

【白話譯文】

觀戝用黃靈習卜，占卜後視兆說：吉利。

【釋文】

之。龘（許）佗占之曰：吉。〖93〗

【白話譯文】

許佗占卜後視兆說：吉利。

【釋文】

壨（魏）酌（豹）占之曰：吉。〖94〗

【白話譯文】

魏豹占卜後視兆說：吉利。

【釋文】

獻占之曰：吉。〖95〗

【白話譯文】

獻占卜後視兆說：吉利。

【釋文】

死。占之曰：吉。□□□□山川⧄〖96〗

【白話譯文】

死。占卜後視兆說：吉利。山川……

【釋文】

〔1〕占之曰：吉。□□□□尚速瘉（瘥）。〖97〗

【注釋】

〔1〕 ，有可能是「迌」或「起」字。

【白話譯文】

占卜後視兆說：吉利。希望快速病癒。

【釋文】

占之曰：吉。〖98〗

【白話譯文】

占卜後視兆說：吉利。

【釋文】

䲹（豹）占〼〖99〗

【白話譯文】

豹占卜……

【釋文】

占之曰：吉。〖101〗

【白話譯文】

占卜後視兆說：吉利。

【釋文】

占之曰：吉。〖102〗

【白話譯文】

占卜後視兆說：吉利。

【釋文】

之曰：吉。〖103〗

【白話譯文】

說：吉利。

【釋文】

吉。〖104〗

【白話譯文】

吉利。

【釋文】

吉〼〖105〗

【白話譯文】

吉利。

【釋文】

逗（歸）玉柬（簡）大王。己巳內齋〔1〕。〖106〗

【注釋】

〔1〕內齋，內指所居宮室，與「埜齋」相對。

【白話譯文】

饋送玉給柬大王。己巳在居室齋戒……

【釋文】

畒（問）逗（歸）玉於柬（簡）〔大王〕☑〖107〗

【白話譯文】

問饋送玉給柬大王……

【釋文】

賽禱（禱）於柬（簡）大〔王〕☑〖108〗

【白話譯文】

賽禱簡大王……

【釋文】

聖（聲）逗（桓）王、恕（悼）王各備（佩）玉一環。東邱公〔1〕，備（佩）玉一環，賽禧（禱）宮陛（地）宔（主）一豽（粘—殺）。觀☑〖109〗

【注釋】

〔1〕東邱公，又寫作「東厇公」、「東石公」，簡文中稱之為「先君」。

【白話譯文】

聲桓王、悼王各佩玉一環。東邱公佩玉一環，賽禱宮地主一隻殺。觀……

【釋文】

聖（聲）【王】、恕（悼）王、東邱公，各戠（特）牛，饋祭之，速祭公宔（主）〔1〕狂=（冢冢），酉（酒）飲☑〖110〗

【注釋】

〔1〕公宔（主），商承祚（1995）認為即宗廟宔室之宔。宋華強（2009）認為是某位
　　諸侯之女而嫁於悼固家族者，可能是悼固的母親。劉信芳（2011）讀為「翁主」，
　　指墓主悼固之父。

【白話譯文】

　　聲王、悼王、東邡公，各一隻牛，進行饋祭，快速祭禱公主冢豕，以酒獻之……

【釋文】

　　聖（聲）王、㤅（悼）王既☒〖111〗

【白話譯文】

　　聲王、悼王已經……

【釋文】

　　〔㤅（悼）〕折（哲）王，各戠（特）牛，饋之，罷㝅（禱）先君東邡公，
戠（特）牛，饋☒〖112〗

【白話譯文】

　　悼哲王，各一隻牛，進行饋祭，罷禱先君東邡公，一隻牛，進行饋祭……

【釋文】

　　矞（問）㝅（爨）月之良〖159〗日，月饋東厇（邡）公。▭▭▭棠（嘗）
〔1〕㔽（巫）甲戌。▭▭▭祭☒〖113〗

【注釋】

〔1〕棠（嘗），《爾雅・釋天》：「秋祭曰嘗。」

【白話譯文】

　　問爨月的好日子，每月一次的饋祭祭祀東厇公。甲戌嘗祭巫。祭祀……

【釋文】

　　一少（小）環，舉（舉）禧（禱）於東邡〔公〕☒〖114〗

【白話譯文】

　　一小環，舉禱東邡公……

【釋文】

冊於東石（郘）公。坛（社）、北子〔1〕、䘕（行）既賽。〖115〗

【注釋】

〔1〕北子，望山1號墓117號簡稱「王之北子」，宋華強（2009）讀為「別子」，認為可能是楚悼王的別子，與東郘公同輩。

【白話譯文】

冊祭東郘公。社、北子、行已經賽禱……

【釋文】

葴陵君，肥豻（冢），酉（酒）飤，遇（舉）䙵（禱）北子，肥豨（豢），酉（酒）飤，速瘻（瘥），賽之。〖116〗

【白話譯文】

葴陵君，肥冢，以酒獻之，舉禱北子肥豢，以酒獻之，快速病癒，賽禱他們……

【釋文】

王之北子，各豻＝（冢豕），酉（酒）飤，蒿之。囟（思—使）攻解於宮室。遇（舉）▨〖117〗

【白話譯文】

王的別子，各冢豕，以酒獻之，進行蒿祭。使人用「攻」的方法解除宮室（帶來的憂患）。舉……

【釋文】

北子，豻＝（冢豕），酉（酒）飤▨〖118〗

【白話譯文】

別子，用冢豕，以酒獻之……

【釋文】

遇（舉）䙵（禱）夫＝（大夫）之厶（私）晉（巫）〔1〕，遇（舉）䙵（禱）䘕（行），白犬，罷䙵（禱）王孫喿，豻＝（冢豕）。〖119〗

【注釋】

〔1〕大夫之私巫，李家浩（2019）認為有的巫死後上升為神，得到人們的供奉和祭

祀，巫主實際上具有家族保護神的作用。「大夫之私巫」應即私屬於大夫的巫主，疑此處的大夫是指墓主悼固。

【白話譯文】

舉禱大夫私屬的巫主，舉禱行用白犬，罷禱孫梟用豕豕……

【釋文】

〔先〕老箽（童）〔祝〕◿ 〖120〗

【白話譯文】

老童……

【釋文】

媹（毓─鬻）酓（熊），各一牂。〖121〗

【白話譯文】

鬻熊，各一隻牂……

【釋文】

〔先〕老童◿ 〖122〗

【白話譯文】

老童……

【釋文】

〔祝〕䡐（融），各一羒（羧）◿ 〖123〗

【白話譯文】

祝融，各一隻羧……

【釋文】

埭（來）〔1〕既禱，楚先既禱◿ 〖124〗

【注釋】

〔1〕埭（來），又寫作「逨」，陳斯鵬（2005）認為未詳所指，以其從「土」看，似應為一地祇名。並引陳偉武的意見「可否讀里，指里神？」

【白話譯文】

來已經祭禱，楚先已經祭禱……

【釋文】

　　睪（舉）禱（禱）北宗〔1〕，一環，睪（舉）禱（禱）逨（來），一羽（殺）。
□□□□坛（社）若其古（故）含（禽）〔2〕。〖125〗

【注釋】

　〔1〕北宗，晏昌貴（2005B）認為可能是指北斗神。宋華強（2009）讀為「別宗」，
　　　認為大概是指小宗。

　〔2〕坛（社）若其古（故）含（禽），蘇建洲（2011）指出「古（故）禽」與《包山》
　　　的「常牲」意思相同。

【白話譯文】

　　舉禱北宗一環，舉禱來一隻殺。社比照它之前所用的禽牲……

【釋文】

　　睪（舉）禱（禱）北☒ 〖126〗

【白話譯文】

　　舉禱北……

【釋文】

　　遻（舉）纛（禱）於宮☒ 〖127〗

【白話譯文】

　　舉禱宮……

【釋文】

　　司命☒ 〖128〗

【白話譯文】

　　司命……

【釋文】

　　公宔（主）既城（成）。〖129〗

【白話譯文】

　　公主已經祭禱完畢……

【釋文】

〔大〕水，備（佩）玉一環☑【130】

【白話譯文】

大水，佩玉一環……

【釋文】

大水☑【131】

【白話譯文】

大水……

【釋文】

君，戠（特）牛。己未音=（之日）卜，庚申內齋。【132】

【白話譯文】

君，一隻牛。己未之日占卜，庚申在室內齋戒……

【釋文】

先君☑【133】

【白話譯文】

先君……

【釋文】

於先☑【134】

【白話譯文】

於先……

【釋文】

公，既藏（禱），未賽。【135】

【白話譯文】

公，已經禱，還沒有賽……

【釋文】

公虩（虢）☑【136】

【白話譯文】

公虢……

【釋文】

祭稾（廄）〔1〕，甲戌、己巳內齋。〖137〗

【注釋】

〔1〕稾（廄），指廄神。

【白話譯文】

祭祀廄，甲戌、己巳在室內齋戒……

【釋文】

辛未、甲戌，祭馬。甲戌☑〖138〗

【白話譯文】

辛未、甲戌，祭祀馬。甲戌……

【釋文】

祭褻（竈）〔1〕。己巳祭☑〖139〗

【注釋】

〔1〕褻（竈），指竈神。

【白話譯文】

祭祀竈，己巳祭祀……

【釋文】

棠（嘗）祭猷（竈）☑〖140〗

【白話譯文】

嘗祭竈……

【釋文】

月饋☑〖141〗

【白話譯文】

每月饋祭……

【釋文】

既饋☑〖142〗

【白話譯文】

已經饋祭……

【釋文】

饋之☑〖143〗

【白話譯文】

進行饋祭……

【釋文】

酉（酒）飤☑〖144〗

【白話譯文】

以酒獻之……

【釋文】

邎（舉）☑〖147〗

【白話譯文】

舉……

【釋文】

禱（禱）於☑〖148〗

【白話譯文】

禱於……

【釋文】

襠（禱）☑〖149〗

【白話譯文】

禱……

【釋文】

述（遂）〔1〕瘅（瘥），速賽之，速瘅（瘥）。〖150〗

【注釋】

〔1〕述（遂），袁國華（2003）認為指終於。蘇建洲（2010）讀為「率」，與範圍副
　　　詞悉、咸、皆、俱等相似。

【白話譯文】

全部病癒，快速賽禱他，快速病癒……

【釋文】

呂（以）述（遂）瘧（瘥）。〖151+200〗

【白話譯文】

全部病癒。

【釋文】

〔速〕瘧（瘥）☑〖152〗

【白話譯文】

快速病癒……

【釋文】

日所可呂（以）齋☑〖154〗

【白話譯文】

日所可以齋戒……

【釋文】

己巳、甲子音=（之日）內齋。〖155〗

【白話譯文】

己巳、甲子之日在室內齋戒……

【釋文】

辛未音=（之日）埜（野）齋〔1〕☑〖156〗

【注釋】

〔1〕埜（野）齋，野指城外，與「內齋」相對。

【白話譯文】

辛未之日在城外齋戒……

【釋文】

齋。〖157〗

【白話譯文】

齋戒……

【釋文】

齋。〖158〗

【白話譯文】

齋戒……

【釋文】

乙亥音＝（之日）▨〖160〗

【白話譯文】

乙亥之日……

【釋文】

甲子音＝（之日）▨〖161〗

【白話譯文】

甲子之日……

【釋文】

乙亥▨〖162〗

【白話譯文】

乙亥……

【釋文】

甲子▨〖163〗

【白話譯文】

甲子……

【釋文】

乙丑之▨〖164〗

【白話譯文】

乙丑之……

【釋文】

乙丑☑〖165〗

【白話譯文】

乙丑……

【釋文】

辛未☑〖166〗

【白話譯文】

辛未……

【釋文】

己☑〖167〗

【白話譯文】

己……

【釋文】

亞（惡）。〖168〗

【白話譯文】

惡……

【釋文】

脣（辰）☑〖169〗

【白話譯文】

辰……

【釋文】

告，軓（范）膗（獲）〔志〕☑〖170〗

【白話譯文】

告，范獲志……

【釋文】

苛倉☒〖171〗

【白話譯文】

苛倉……

【釋文】

苛㥀（愴）☒〖172〗

【白話譯文】

苛愴……

【釋文】

壆（魏）☒〖173〗

【白話譯文】

魏……

【釋文】

日，觀☒〖174〗

【白話譯文】

之日，觀……

【釋文】

殺〔1〕，坪樂〔2〕，思（使）攻解於下之人〔3〕不壯死〔4〕。〖176〗

【注釋】

〔1〕殺，天星觀楚簡有「肥殺」、「女殤各殺」，殺指祭品。

〔2〕坪樂，晏昌貴（2005B）認為相當於「樂之」，為禱的內容或儀式。楊華（2005）
認為指祭禱時用樂。宋華強（2006A）認為指祭禱儀式結束後娛神降神儀式中
的音樂內容。

〔3〕下之人，于成龍（2004）認為即《禮記・檀弓》「死而不弔者三：畏、厭、溺」
之「厭」，孫希旦集解謂覆壓而死者。

〔4〕不壯死，董珊（2007B）認為即夭殤。《楚地出土戰國簡冊合集（四）》（2019）
讀為「不臧死」，指非正常死亡。

【白話譯文】

用殺牲，用樂，使人用「攻」的方法解除覆壓而非正常死亡者（帶來的憂患）。

【釋文】

思（使）攻☐〖177〗

【白話譯文】

使人用「攻」的方法……

【釋文】

▭▭城（成）。門既城（成）。〖178〗

【白話譯文】

門已經祭禱完畢……

【釋文】

既▓☐〖179〗

【白話譯文】

既▓……

【釋文】

愳（喜）之☐〖180〗

【白話譯文】

喜之……

【釋文】

之未☐〖181〗

【白話譯文】

之未……

【釋文】

辛☐〖182〗

【白話譯文】

辛……

【釋文】

怀☑〖183〗

【白話譯文】

怀……

【釋文】

夕☑〖184〗

【白話譯文】

夕……

【釋文】

𡵂（容）☑〖185〗

【白話譯文】

容……

【釋文】

為☑〖186〗

【白話譯文】

為……

【釋文】

疾☑〖187〗

【白話譯文】

疾病……

【釋文】

貞☑〖188〗

【白話譯文】

貞問……

【釋文】

又（有）☑〖189〗

【白話譯文】

有……

【釋文】

㠯（以）〖190〗長〔1〗〖192〗竉（靈）☑〖92〗

【注釋】

〔1〕長，整理者（1995）釋為「㞢」，應釋為「長」。

【白話譯文】

用長靈……

【釋文】

楚☑〖191〗

【白話譯文】

楚……

【釋文】

子☑〖193〗

【白話譯文】

子……

【釋文】

死。〖194〗

【白話譯文】

死……

【釋文】

毋☑〖195〗

【白話譯文】

不要……

【釋文】

审（中）☑〖196〗

【白話譯文】

中……

【釋文】

呆（保）☑〖197〗

【白話譯文】

保……

【釋文】

己☑〖198〗

【白話譯文】

己……

【釋文】

戠☑〖199〗

【白話譯文】

戠……

【釋文】

。〖201〗

【白話譯文】

……

【釋文】

。〖202〗

【白話譯文】

……

【釋文】

子☑〖203〗

【白話譯文】

子……

【釋文】

□☑〖204〗

【白話譯文】

□……

【釋文】

□〔1〕☑〖207〗

【注釋】

〔1〕□，商承祚（1995）釋為「陀」，綴合於127號簡下。

【白話譯文】

□……

三、天星觀 M1 號墓卜筮祭禱簡

【釋文】

鄸（齊）客紳（申）膔（獲）䎟（問）王於葴郢之戠（歲）〔1〕，冬柰（夕）之月己酓（酉）之日，盬（鹽）惺（狂）㠯（以）承命為君月貞〔2〕：晊（侍）王，畫（盡）冬柰（夕）之月，尚自利訓（順）。占之：晉（恆）貞吉，小（稍）又（有）慼（戚）於□〔3〕，〖1—01〗又（有）繁=（祟示）〔4〕。㠯（以）亓（其）古（故）敓（說）之，罜（擇）良日冬柰（夕）賽禱（禱）惠公〔5〕戠（特）豩（豢），饋之，罊（舉）禱（禱）宮襦〔6〕豬=（豬豕），酉（酒）飤。惺（狂）占之：吉。〖1—02〗

【注釋】

〔1〕齊客申獲問王於葴郢之歲，楚國以事紀年，李學勤（2006）認為是公元前339年。

〔2〕月貞，晏昌貴（2005B）認為楚人所謂「月貞」是每月必貞的。「月貞」的日期選擇，應該在每月的月初（朔日）。

〔3〕□，王明欽（1989）說：「凡字跡模糊不清，無法辨識者以□表示。」但未說□明代表一個字還是多個字。

〔4〕又（有）繁=，可讀為「有祟示」，義同「有祟見」。

〔5〕惠公，墓主邸陽君番勝的先人。

〔6〕宮襦，神名，具體所指不詳。

【白話譯文】

在「齊客申獲問王於葳郢之歲」這一年，冬夕之月己酉之日，盬狂用承命為邸陽君進行月貞：侍奉君王，整個冬夕之月，希望順利。占卜後視兆：長久來看吉利，稍有憂戚，有鬼神邪祟顯現。因為這個緣故進行「說」，選擇冬夕之月中的良日賽禱惠公一隻豢，進行饋祭，舉禱宮襦豬豕，以酒獻之。盬狂占卜後視兆：吉利。

【釋文】

齊客紳（申）膇（獲）睯（問）王於葳郢之戠（歲），屈柰（夕）之月己卯之日，史丑呂（以）長霝（靈）為〔君〕【2】

【白話譯文】

在「齊客申獲問王於葳郢之歲」這一年，冬夕之月己卯之日，史丑用長靈為邸陽君……

【釋文】

齊客紳（申）膇（獲）䛦（問）王於葳郢之戠（歲），屈柰（夕）之月癸卯音=（之日），黃迊（過）呂（以）大英〔1〕為邸易（陽）君番鄝（勝）〔2〕貞：既寒（寒）然〔3〕，〔不〕欲飤（食），呂（以）〔4〕脅（溢）潹（瀚—汗）〔5〕，呂（以）歓（飲），尚母（毋）〔6〕又（有）咎。占之：【3-01】惡（恆）貞吉，少（稍）迡（遲）瘧（瘥）。呂（以）亓（其）古（故）緐（說）之，解於二天子與雲君〔7〕以瓃（佩玉）〔8〕、珥。迊（過）占之：吉，戊申【3-02】

【注釋】

〔1〕大英，又寫作「大央」、「大敓」，何琳儀（2004）將「央」讀為「蠱」，認為是占卜所用大龜。今按：「央」或從「艸」作「英」，疑為筮類占卜工具。

〔2〕邸易（陽）君番鄝（勝），天星觀 M1 號墓墓主。

〔3〕母（毋），卜筮祭禱簡中的「毋」字可寫作「母」，王明欽（1989）釋文皆作「母」，滕壬生（2008）所引字形有 🐸、🦀 等寫法。

〔4〕寨（寒）然，晏昌貴（2005B）認為「滄，寒也」，「然」讀為「熱」。今按：「寒熱」固然可通，但天星觀楚簡還有「以心癮（悶）然」、「以憾憾然不欲食」等辭例，「然」顯然不適合讀為「熱」。疑「滄然」之「然」也可看作後綴，指「……的樣子」。

〔5〕㠯（以），訓為「而」或「又」。

〔6〕膉（溢）濈（澣—汗），「膉」可讀為「溢」，「濈（澣）」可讀為「汗」，古音皆
　　在匣母元部，「溢汗」意即「出汗」。

〔7〕雲君，李零（2001）認為即《楚辭・九歌》中的雲中君。

〔8〕瑞（佩玉），「瑞」下沒有合文符號，也可讀為「佩玉」。

【白話譯文】

在「齊客申獲問王於葳郢之歲」這一年，屈夕之月癸卯之日，黃過用大英為邸陽為邸陽君番勝貞問：發冷，不想吃東西，出汗，想喝水，希望不要有災禍。占卜後視兆：長久來看吉利，稍微遲緩病癒。因為這個緣故進行「說」，用佩玉、珥來解除二天子與雲君（帶來的憂患）。黃過占卜後視兆：吉利，戊申⋯⋯

【釋文】

鄭（齊）客紳（申）膒（獲）聞（問）王於葳郢之戠（歲），顥（夏）柰（夕）之月庚戌之日，史丑㠯（以）長霝（靈）為君月貞：時（侍）王，聿（盡）顥（夏）柰（夕）之月，尚自利訓（順）。占之：恆〔1〕貞吉，少（稍）又（有）慼（戚）〔於〕〖4-01〗穿=（躬身），虞（且）又（有）外（間）惡，又（有）繁（祟）。㠯（以）亓（其）古（故）敚（說）之，速賽禱（禱）惠公戠（特）豺（豢），饋之。占之：吉。〖4-02〗

【注釋】

〔1〕恆，王明欽（1989）釋文徑作「恆」，不知原字形是否作「惡」或「晉」。

【白話譯文】

在「齊客申獲問王於葳郢之歲」這一年，夏夕之月庚戌之日，史丑用長靈為邸陽君進行月貞：侍奉君王，整個夏夕之月，希望順利。占卜後視兆：長久來看吉利，身體稍有憂戚，並且短暫地有惡事，有鬼神邪祟。因為這個緣故進行「說」，快速賽禱惠公一隻豢，進行饋祭。占卜後視兆：吉利。

【釋文】

齊客紳（申）膒（獲）聞（問）王於葳郢之戠（歲），遠柰（夕）肎=（之月）酉（丙）午音=（之日），奠（鄭）愴㠯（以）大央（英）為邸易（陽）君努（勝）貞：既寨（寒）然，㠯（以）惪=（戚戚）然不欲飤（食）〔1〕，㠯（以）膉（溢）〔澣（汗），㠯（以）歓（飲）〕，〖5-01〗尚母（毋）有咎。占之：惡

（恆）貞吉，無咎，小（稍）又（有）瘇（續），又（有）祭=（祟。說）之，舉（舉）禑（禱）晉（巫）豬（豬豕）〔2〕，䨓（靈）酉（酒）〔3〕，鋋（桟）鐘樂之〔4〕。奠（鄭）愴占之：吉，旬日又（有）列（間）。〖5-02〗

【注釋】

〔1〕悤=（戚戚）然不欲飲（食），「戚戚然」應是指「不欲食」的樣子。

〔2〕豬（豬豕），滕壬生（2008）「酒」字下辭例為「舉禱巫豬酒鋪鐘樂之」，雖然「豬」字後無合文符號，也可讀為「豬豕」。

〔3〕䨓（靈）酉（酒），靈，美也，靈酒指美酒。

〔4〕鋋（桟）鐘樂之，亦見於新蔡葛陵楚簡，「桟鐘」即編鐘，「桟鐘樂之」可省作「樂之」或「樂」，是為神靈奏樂的意思。

【白話譯文】

在「齊客申獲問王於葴郢之歲」這一年，遠夕之月丙午之日，鄭愴用大英為邸陽君番勝貞問：發冷，懨懨地不想吃東西，出汗，想喝水，希望不要有災禍。占卜後視兆：長久來看吉利，沒有災禍，（病）稍微持續，有鬼神邪祟，進行「說」，舉禱巫豬豕、靈酒，用編鐘為神靈奏樂。鄭愴占卜後視兆：吉利，十日內有好轉。

【釋文】

鄁（齊）客紳（申）朕（獲）誾（問）王於葴郢之戠（歲），顥（夏）層（夷）之月癸丑之日，軌（范）朕（獲）志已（以）保（寶）豪（家）為君月貞：聿（盡）顥（夏）層（夷）之月，時（侍）王，尚自利訓（順）。占之：死（恆）貞吉，牁（將）又（有）亞（惡）於〖6-01〗宮宷（中），又（有）祝（祟）。已（以）亓（其）古（故）祝（說）之，舉（舉）禑（禱）東城夫人〔1〕豬=（豬豕），酉（酒）食（飲），酉（丙）層（辰）之日，遊晉（巫）〔2〕。朕（獲）志占之：吉，自利訓（順）。〖6-02〗

【注釋】

〔1〕東城夫人，與墓主有親戚關係，不知是否為其母親。

〔2〕遊晉（巫），為動賓結構，「遊」可能是指施加於「巫」的一種祭祀行為。

【白話譯文】

在「齊客申獲問王於葴郢之歲」這一年，夏夷之月癸丑之日，范獲志用寶家為邸陽君進行月貞：整個夏夷之月，侍奉君王，希望順利。占卜後視兆：長久來看吉利，

家中將有惡事，有鬼神邪祟。因為這個緣故進行「說」，舉禱東城夫人豬豕，以酒獻之，丙辰之日對巫進行遊祭。范獲志占卜後視兆：吉利，會順利。

【釋文】

鄯（齊）客紳（申）膡（獲）聥（問）王於葳郢之歲（歲），顕（夏）层（夷）之月癸丑之日，軩（范）膡（獲）志已（以）保（寶）豪（家）為邸膓（陽）君勞（勝）貞：既逗（囑）〔1〕於王，已（以）為顕（夏）层（夷）獸（狩）〔2〕，還〔3〕返迡（遲）速〔4〕，尚自利訓（順）。占之：〖7-01〗丞（恆）貞吉，牄（將）又（有）亞（惡）於車馬下之人〔5〕，又（有）祝（祟）。已（以）亓（其）古（故）祝（說）之，羿（樊—返）〔6〕苦（虜），言（享）禱（薦）袄（太）一璑（佩玉）環，司命、司褐（禍）、垡（地）宝（主）各一吉環，言（享）禱（薦）〔7〕大水一璑（佩玉）〔8〕環，言（享）禱（薦）非〔9〕一〖7-02〗

【注釋】

〔1〕逗（囑），囑咐。

〔2〕已（以）為顕（夏）层（夷）獸（狩），晏昌貴（2005B）認為「以」訓為「而」或「又」，「為」訓為「於」或「將」，表時間副詞，「獸」當讀為「守」或「狩」。

〔3〕還，滕壬生（1995）釋為「遍」。宋華強（2010）指出「還」原形作􀀀，結合字形和辭例來看，當是「還」字，大概是因為筆畫多有漫漶，以至於摹寫有誤。

〔4〕迡（遲）速，還見於新蔡葛陵楚簡，宋華強（2010）指出「遲速」應該是個偏義複合詞，義偏於「速」，與「緩急」類似，「遲速還返」即「速還返」。

〔5〕車馬下之人，死於車馬覆壓之人。

〔6〕羿（樊—返），返回。

〔7〕禱（薦），進獻也。

〔8〕璑（佩玉），王明欽（1989）釋文中「璑」字後沒有合文符號，滕壬生（1995）所引辭例有合文符號。

〔9〕非，還見於望山 M1 號墓，應是鬼神名，具體所指不詳。

【白話譯文】

在「齊客申獲問王於葳郢之歲」這一年，夏夷之月癸丑之日，范獲志用寶家為邸陽君番勝貞問：按照君王的囑咐，夏夷之月狩獵，快速返回，希望順利。占卜後視兆：長久來看吉利，死於車馬下的人將會作惡，有鬼神邪祟。因為這個緣故進行「說」，返

回廩後，進獻食物祭祀太佩玉一環，司命、司禍、地主各一吉環，進獻大水佩玉一環，
進獻非一……

【釋文】

　　郳（齊）客紳（申）臎（獲）䣆（問）王於葳郢之哉（歲），分=（八月）
庚唇（辰）之日，史丑㠯（以）長霝（靈）為君月貞：聿（盡）分=（八月）
尚自〔利〕訓（順）。占之：㥼（恆）貞〔吉〕〖8〗

【白話譯文】

　　在「齊客申獲問王於葳郢之歲」這一年，八月庚辰之日，史丑用長靈為邸陽君進
行月貞：整個八月，希望順利。占卜後視兆：長久來看吉利……

【釋文】

　　郳（齊）客紳（申）臎（獲）䣆（問）王於葳郢之哉（歲），肯=（十月）
庚唇（辰）之日，義懌㠯（以）〔新〕長剌〔1〕為邸易（陽）【君】番夈（勝）
貞：從肯=（十月）㠯（以）至迷（來）哉（歲）之肯=（十月），㝬（集）哉
（歲）尚自利〖9-01〗訓（順）。義懌占之：㥼（恆）貞吉，小（稍）又（有）
慼（戚）於止（趾），又（有）𥛔（祟）。㠯（以）亓（其）古（故）敚（說）
之，�（舉）禑（禱）道〔2〕一豬（豢），羿（樊─返）饋〔3〕，�（舉）禑（禱）
宮陛（地）宔（主）一羖（羖）。囟（思─使）攻解於殗（強）死〖9-02〗

【注釋】

　〔1〕新長剌，王明欽（1989）說：「字跡已不存在，依文例推出者以〔〕標明。」「新」
　　　字即標註為〔新〕。

　〔2〕道，主道路之神。

　〔3〕羿（樊─返）饋，王明欽（1989）釋文作「□饋」。今按：根據簡文辭例，應為
　　　「羿（樊─返）饋」。

【白話譯文】

　　在「齊客申獲問王於葳郢之歲」這一年，十月庚辰之日，義懌用新長剌長靈為邸
陽君番勝貞問：從十月到來年十月，一整年希望順利。義懌占卜後視兆：長久來看吉
利，腳趾稍微有憂戚，有鬼神邪祟。因為這個緣故進行「說」，舉禱道一隻豢，返回時
進行饋祭，舉禱宮地主一隻羖。使人用「攻」的方法解除強死（帶來的憂患）……

【釋文】

鄰（齊）客紳（申）膢（獲）餌（問）王於莪郢之戠（歲），負（爨）月己亥（酉）之日，義懌吕（以）白靇（靈）為君月貞：峕（侍）王，𦘦（盡）負（爨）月，尚自利訓（順）。占之：吾（恆）貞吉，諆然〔1〕又（有）外（間）悳（戚），又（有）祭=（祟。說）之，舉（舉）禱（禱）乖（丘）〔2〕犫=（戠—特牛），樂〖10〗

【注釋】

〔1〕諆然，晏昌貴（2005B）讀為「淒然」。

〔2〕丘，類似於包山楚簡的「高丘」、「下丘」。

【白話譯文】

在「齊客申獲問王於莪郢之歲」這一年，爨月己酉之日，義懌用白靈為邸陽君進行月貞：侍奉君王，整個爨月，希望順利。占卜後視兆：長久來看吉利，有短暫的憂戚，有鬼神邪祟。進行「說」，舉禱丘一隻牛，為神靈奏樂……

【釋文】

鄰（齊）客紳（申）膢（獲）餌（問）王於莪郢之戠（歲），獻馬之月己卯之日，史丑吕（以）長需（靈）為君月貞：峕（侍）王，𦘦（盡）獻馬之月，尚自利訓（順）。史丑占之：恐（恆）貞吉，小（稍）又（有）悳（戚）於穿=（躳身）。吕（以）亓（其）古（故）〖11-01〗敓（說）之，罷禱（禱）惠公戠（特）豨（豢），舁（樊—返）饋。占之□壓（陳）遣習之吕（以）新承命。占之：恐（恆）貞吉，又（有）祭（祟）。吕（以）亓（其）〖11-02〗

【白話譯文】

在「齊客申獲問王於莪郢之歲」這一年，獻馬之月己卯之日，史丑用長靈為邸陽君進行月貞：侍奉君王，整個獻馬之月，希望順利。史丑占卜後視兆：長久來看吉利，身體稍微有憂戚，因為這個緣故進行「說」，罷禱惠公一隻豢，返回時進行饋祭。占卜……陳遣用新承命習卜。占卜後視兆：長久來看吉利，有鬼神邪祟。因為這個……

【釋文】

秦客公孫紻聒（問）王於莪郢之戠（歲）〔1〕，冬柰（夕）之月甲寅之日，盬（鹽）丁吕（以）保（寶）豪（家）為君月貞：𦘦（盡）冬柰（夕）之月，

時（侍）王，尚自利訓（順）。丁占之：小（稍）又（有）【12-01】慼（戚）於躬＝（躬身），〔又（有）祟＝（祟。說）〕之，□【12-02】

【注釋】

〔1〕秦客公孫紻問王於葴郢之歲，楚國以事紀年，李學勤（2006）認為是公元前340年。

【白話譯文】

在「秦客公孫紻問王於葴郢之歲」這一年，冬夕之月甲寅之日，鹽丁用寶家為邸陽君進行月貞：整個冬夕之月，侍奉君王，希望順利。丁占卜後視兆：身體稍微有憂戚，有鬼神邪祟。進行「說」⋯⋯

【釋文】

秦客公孫紻誾（問）王於葴郢之戠（歲），肎＝（十月）酉（丙）戌之日，鹽（鹽）丁已（以）長保（寶）〔1〕為邸易（陽）君番勞（勝）貞：時（侍）王，從肎＝（十月）已（以）至逨（來）戠（歲）之肎＝（十月），寋（集）戠（歲）尚自利訓（順）。占之：【13-01】惡（恆）貞吉，小（稍）〔又（有）〕慼（戚）於躬＝（躬身），又（有）敓（祟）。已（以）亓（其）古（故）敓（說）之，罜（擇）良日魚（爨）月，舉（舉）禕（禱）秋（太）一牲〔2〕，司命、司禂（禍）各一羊，句（后）土一牲（牷—牂），舉（舉）禕（禱）大水一牲，▭▭▭罜（擇）良日獻馬賽【13-02】禕（禱）卓公〔3〕訓（順）至惠公大牢〔4〕，樂之，百（百）之，贛（贛）〔5〕。占之：吉，寋（集）戠（歲）旹（幾）审（中）又（有）憙（喜）。【13-03】

【注釋】

〔1〕長保（寶），與之類似的占卜工具還有「少寶」，應是龜類占卜工具。

〔2〕牲，又寫作「犛」，還見於新蔡葛陵楚簡，何琳儀（1998）疑讀為「牲」。

〔3〕卓公，墓主邸陽君番勝的先祖。

〔4〕大牢，《周禮・秋官・大行人》「禮九牢」，鄭玄注：「三牲備為一牢。」

〔5〕樂之，百（百）之，贛（贛），還見於新蔡葛陵楚簡，宋華強（2010）將「百」讀為「各」，認為「樂之」、「各之」、「贛之」分別表示娛神降神的三項內容：奏樂儀式、降神儀、歌舞儀式。李家浩（2019）將「百」應該讀為「歌」。

【白話譯文】

在「秦客公孫紻問王於葴郢之歲」這一年，十月丙戌之日，鹽丁用長寶為邸陽君番勝貞問：侍奉君王，從十月到來年十月，一整年希望順利。占卜後視兆：長久來看吉利，身體稍微有憂戚，有鬼神邪祟。因為這個緣故進行「說」，選擇爨月的好日子，舉禱太一隻精，司命、司禍各一隻牂，后土一隻豬，舉禱太、大水一隻精，選擇獻馬之月的好日子賽禱卓公延至惠公大牢，為其奏樂，唱歌，跳舞。占卜後視兆：吉利。這一年中會有喜事。

【釋文】

秦客公孫紻聞（問）王於葴郢之戠（歲），青=（十月）酉（丙）戌之日，鄉（應）楊㠯（以）大敓（英）為邸易（陽）君番勞（勝）貞：〖14〗

【白話譯文】

在「秦客公孫紻問王於葴郢之歲」這一年，十月丙戌之日，應楊用大英為邸陽君番勝貞問⋯⋯

【釋文】

左帀（師）虘胃（聘）於楚之戠（歲）〔1〕，顕（夏）柰（夕）之月己丑之日，鄉（應）奮㠯（以）大央（英）為邸旟（陽）君勞（勝）貞：既訧（允）尻（處）亓（其）新室，尚宜安（焉）長尻（處）之。〖15-01〗鄉（應）奮占之：吉，卋=（三十）戠（歲）無咎無祱（祟），三戠（歲）之审（中）牁（將）又（有）大憙（喜）於王室。〖15-02〗

【注釋】

〔1〕左師虘聘於楚之歲，楚國以事紀年，具體年代待考。彭家灣183號墓有「宋客左師虘蹠楚之歲」，趙曉斌（2022）認為即天星觀楚簡中作「左師虘聘於楚之歲」。

【白話譯文】

在「左師虘聘於楚之歲」這一年，夏夕之月己丑之日，應奮用大英為邸陽君番勝貞問：已經居住在新的地方，希望適宜能長久居住。應奮占卜後視兆：吉利，三十年沒有災禍沒有鬼神邪祟，三年之中王室將有大喜事。

【釋文】

郙（巴）客囩公頌迒（蹠）楚之戠（歲）〔1〕，勘（荊）屄（夷）之月癸巳之日，奠（鄭）愴㠯（以）荅彤〔2〕為君貞〖16〗

【注釋】

〔1〕巴客圈公頌蹠楚之歲，楚國以事紀年，具體年代待考。

〔2〕箸彤，包山223號簡有「彤箸」，可能與之是一物。

【白話譯文】

在「巴客圈公頌蹠楚之歲」這一年，荊夷之月癸巳之日，鄭愴用箸彤為邸陽君貞問……

【釋文】

軓（范）膡（獲）志習之呂（以）白靁（靈）。占之：吉，自利訓（順）。〖17〗

【白話譯文】

范獲志用白靈習卜。占卜後視兆：吉利，會順利。

【釋文】

墜（陳）獻習之呂（以）白靁（靈）。占之：吉，寋（集）戠（歲）自利訓（順）。〖18〗

【白話譯文】

陳獻用白靈習卜。占卜後視兆：吉利，一整年都會順利。

【釋文】

墜（陳）賈習之呂（以）白靁（靈）。占之：吉，寋（集）戠（歲）自利訓（順）。〖19〗

【白話譯文】

陳賈用白靈習卜。占卜後視兆：吉利，一整年都會順利。

【釋文】

墜（陳）馭習〔之呂（以）〕逾靁（靈）。占之：吉，自利訓（順）。〖20〗

【白話譯文】

陳馭用逾靈習卜。占卜後視兆：吉利，會順利。

【釋文】

史丑習之呂（以）逾靁（靈）。占之：吉，自利訓（順）。〖21〗

【白話譯文】

史丑用逾靈習卜。占卜後視兆：吉利，會順利。

【釋文】

墬（陳）悥（喜）習之㠯（以）逾霝（靈）。占之：吉。〖22〗

【白話譯文】

陳喜用逾靈習卜。占卜後視兆：吉利。

【釋文】

史丑習之㠯（以）倀（長）霝（靈）。占之：吉，旮（幾）审（中）牁（將）又（有）志事悥（喜）。〖23〗

【白話譯文】

史丑用長靈習卜。占卜後視兆：吉利，在所貞問的這一段時間裡所希望的事會有喜事。

【釋文】

墬（陳）悥（喜）習之㠯（以）新承命。占之：吉，𡧛（集）歲（歲）旮（幾）审（中）牁（將）又（有）悥（喜）。〖24〗

【白話譯文】

陳喜用新承命習卜。占卜後視兆：吉利，在一整年這一段時間裡將會有喜事。

【釋文】

墬（陳）悥（喜）習之㠯（以）白霝（靈）：死（恆）貞吉，小（稍）又（有）愁（戚），又（有）繠[1]（祟。說）之，毚（舉）禗（禱）惠公哉（特）豩（豢），□□[2]占之：吉。〖25〗

【注釋】

〔1〕繠，雖無合文符號，仍可作「祟」、「說」兩字讀。

〔2〕□□，未釋讀出的貞人很大程度上是陳喜。

【白話譯文】

陳喜用白靈習卜，占卜後視兆：長久來看吉利，稍微有些憂戚，有鬼神邪祟。進行「說」，舉禱惠公一隻豢，陳喜占卜後視兆：吉利。

【釋文】

軋（范）䐁（獲）志習之㠯（以）白霝（靈）。占之：恆（恆）貞吉，小（稍）又（有）不訓（順），又（有）繁（祟）。㠯（以）亓（其）古（故）敚（說）之，舉（舉）禱（禱）**沃余**〔1〕哉（特）猻（豢），酉（酒）飤=（飤，飤）〔2〕女殤（殤）各殺〔3〕。軋（范）䐁（獲）志占〔之〕：吉。【26】

【注釋】

〔1〕**沃余**，王明欽（1989）釋為「夋」。滕壬生（1995）釋為「京」，字形作**夲**。邴尚白（1999）釋為「黍京」。今按：僅按字形隸定為「**余**」，可能與 100 號簡「祔，犖=（特牛）」之「祔」有關，存疑待考。

〔2〕飤=，王明欽（1989）釋文中「飤」字後有合文符號。

〔3〕殺，《書洛・誥》「王賓殺禋咸格」，孫星衍《今古文註疏》：「殺者，謂殺牲。」《荀子・大略》「殺大蚤」，楊倞注：「殺，謂田獵禽獸也。」

【白話譯文】

范獲志用白靈習卜。占卜後視兆：長久來看吉利，稍微有些不順利，有鬼神邪祟。因為這個緣故進行「說」，舉禱**沃余**一隻豢，以酒獻之，女性的未成年而死者各殺牲。范獲志占卜後視兆：吉利。

【釋文】

軋（范）䐁（獲）志習之㠯（以）承豩（家）。占之：恆（恆）貞吉，牆（將）小（稍）又（有）慼（戚）於宮室，虞（且）又（有）惡於東方田邑〔1〕與兵虜（甲）之事。㠯（以）亓（其）古（故）敚（說）之，舉（舉）禱（禱）卓公訓（順）至惠公大牢，樂之，百（百）之，贛（贛）【27】

【注釋】

〔1〕東方田邑，邴尚白（1999）認為東方是方位之神。今按：東方有可能指方位。

【白話譯文】

范獲志用承家習卜。占卜後視兆：長久來看吉利，家中將稍微有些憂戚，並且東方的田邑和戰事會有惡事。因為這個緣故進行「說」，舉禱卓公延至惠公大牢，為其奏樂，唱歌，跳舞……

【釋文】

軋（范）䐁（獲）志習之㠯（以）白霝（靈）。占之：恆（恆）貞吉，小

（稍）〔又（有）〕慐（慼）於身=（躬身），又（有）繁=（祟。說）之，罩（擇）良日分=（八月）賽禱（禱）裴（勞）□〔1〕戠（特）豢（豢），酉（酒）酓（飲）。占之：吉。〖28〗

【注釋】

〔1〕裴（勞）□，晏昌貴（2005B）釋為「勞尚」。

【白話譯文】

范獲志用白靈習卜。占卜後視兆：長久來看吉利，身體將稍微有些憂慼，有鬼神邪祟。進行「說」，選擇八月中的好日子，賽禱勞□一隻豢，以酒獻之。占卜後視兆：吉利。

【釋文】

朕（獲）志習之㠯（以）白䵺（靈）。占之：䌛（恆）貞吉，小（稍）又（有）慐（慼）於宮中。㠯（以）亓（其）古（故）敓（說）之，罩（擇）日冬栾（夕）賽禱（禱）宮陛（地）宔（主）一𦎩（殺），罩（擇）日冬栾（夕）至裳（嘗）於社犅=（戠─特牛）。朕（獲）〔志〕占〔之〕：吉。〖29〗

【白話譯文】

范獲志用白靈習卜。占卜後視兆：長久來看吉利，家中稍微有些憂慼。因為這個緣故進行「說」，選擇冬夕之月的日子，賽禱宮地主一隻殺，選擇冬夕之月的日子嘗祭社一隻牛。范獲志占卜後視兆：吉利。

【釋文】

史丑習之㠯（以）長䵺（靈）。占之：䌛（恆）貞吉，小（稍）又（有）慐（慼）於身=（躬身）。㠯（以）亓（其）古（故）敓（說）之，邌（逐）鹽（鹽）悝（狂）之綮（說），罩（擇）良日賽禱（禱）惠公戠（特）豢（豢），饋之。史丑占之：吉。〖30〗

【白話譯文】

史丑用長靈習卜。占卜後視兆：長久來看吉利，身體將稍微有些憂慼。因為這個緣故進行「說」，移用鹽狂的「說」，選擇好日子賽禱惠公一隻豢，進行饋祭。史丑占卜後視兆：吉利。

【釋文】

史丑習之㠯（以）保（寶）豖（家）。占之：惡（恆）貞吉，旮（幾）審

（中）少（稍）又（有）慐（戚）宀=（躬身），又（有）祟（祟。說）之，舉（舉）禱（禱）〖31〗

【白話譯文】

　　史丑用寶家習卜。占卜後視兆：長久來看吉利，在所貞問的這一段時間裡身體將稍微有些憂戚，有鬼神邪祟，進行「說」，舉禱……

【釋文】

　　鹽（鹽）丁習之㠯（以）新承命。占之：恆（恆）貞吉，小（稍）又（有）慐（戚），又（有）祟（祟）。㠯（以）亓（其）古（故）敓（說）之，亯（享）祭惠公戠（特）豢（豢），羿（樊—返）〔饋〕〖32〗

【白話譯文】

　　鹽丁用新承命習卜。占卜後視兆：長久來看吉利，稍微有些憂戚，有鬼神邪祟。因為這個緣故進行「說」，進獻食物祭祀惠公一隻豢，返會後進行饋祭……

【釋文】

　　鹽（鹽）丁習之㠯（以）長保（寶）。占之：恆（恆）貞吉，小（稍）慐（戚）於宀=（躬身），又（有）祟（祟）。㠯（以）亓（其）古（故）敓（說）之，罜（擇）良日〖33〗

【白話譯文】

　　鹽丁用長寶習卜。占卜後視兆：長久來看吉利，身體稍微有些憂戚，有鬼神邪祟。因為這個緣故進行「說」，選擇好日子……

【釋文】

　　鹽（鹽）丁習之㠯（以）新承命。占之：恆（恆）貞吉，少（稍）外（間）又（有）亞（惡），又（有）敓（祟）。㠯（以）亓（其）古（故）祟（說）之，罜（擇）良日歸玉玩、緐（繫）車馬於悲中〔1〕，分=（八月）歸璚（佩玉）於晉（巫）。丁占之：吉。〖34〗

【注釋】

　　〔1〕歸玉玩、緐（繫）車馬於悲中，晏昌貴（2005B）釋為「折車馬」，讀為「製車馬」，意為「乘車馬」或「造車馬」。李芳梅、劉洪濤（2022）認為「中」應用作「仲」，「悲仲」是神靈名或祖先名，從排行為「仲」來看，更可能是祖先名，

「悲」是其氏；「玉玩」和「車馬」則是所「歸（饋）」的物品。「繫」是動詞，應讀為「繼」，訓為接續，「繼」所指代的動作往往是重複先前發出的動作。「歸玉玩、繼車馬於悲仲」意思是在「歸玉玩」給悲仲之後，再繼續「歸」車馬於悲仲。今按：此字應為 151 號簡「繫車二輛（乘）」之「繫」的省寫，可能是一種祭祀方式。

【白話譯文】

鹽丁用新承命習卜。占卜後視兆：長久來看吉利，稍微短暫的有些惡事，有鬼神邪祟。因為這個緣故進行「說」，選擇好日子對悲中餽贈玉器、繫祭車馬，八月餽贈巫佩玉。鹽丁占卜後視兆：吉利。

【釋文】

義懌習之吕（以）新長刺。占之：晉（恆）貞吉，又（有）緐（祟）。吕（以）亓（其）古（故）敓（說）之，嬰（舉）禰（禱）番先𦥠=（戠—特牛），饋之，賽禰（禱）宮墬（地）宔（主）一羿（殺）。占之曰：吉。〖35〗

【白話譯文】

義懌用新長刺習卜。占卜後視兆：長久來看吉利，有鬼神邪祟。因為這個緣故進行「說」，舉禱番勝祖先一隻牛，進行饋祭，賽禱宮地主一隻殺。占卜後視兆：吉利。

【釋文】

盬（鹽）懌（狂）習之吕（以）承豪（家）。占之：死（恆）貞吉，又（有）祝（祟。說）之，罷禰（禱）□□戠（特）豩（豢），酉（酒）飤。盬（鹽）懌（狂）占之〖36〗

【白話譯文】

鹽狂用承家習卜。占卜後視兆：長久來看吉利，有鬼神邪祟。進行「說」，罷禱□□一隻豢，以酒獻之。鹽狂占卜後視兆……

【釋文】

墜（陳）獻習之吕（以）承命。占之：小（稍）又（有）外（間）亞（惡），不□□〔1〕，無祝（祟）。〖37〗

【注釋】

〔1〕□□，殘缺之字有可能是「為憂」。

【白話譯文】

陳獻用承命習卜。占卜後視兆：稍微短暫的有些惡事，不□□，沒有鬼神邪祟。

【釋文】

墬（陳）賈習之㠯（以）承命。貞（占）之：死（恆）貞吉，疾速又（有）瘠（瘵），小（稍）又（有）慼（慼）於身＝（躬身），又（有）敓（祟）。㠯（以）亓（其）古（故）敓（說）之，鰮（舉）禕（禱）行一白犬，遊巫（巫）。憙（喜）〔1〕占之：吉。〖38〗

【注釋】

〔1〕憙（喜），一般情況下，第一次貞問和第二次貞問的人為同一人，本簡屬於例外。

【白話譯文】

陳賈用承命習卜。占卜後視兆：長久來看吉利，疾病快速有好轉，身體稍微有些憂慼，有鬼神邪祟。因為這個緣故進行「說」，舉禱行一隻白犬，遊祭巫。喜占卜後視兆：吉利。

【釋文】

軋（范）臒（獲）志習之㠯（以）承豪（家）。占之：恖（恆）貞吉，既又（有）閼（間）也，憇＝（慼慼）與脅（溢）瀞（汗），少（稍）迡（遲）瘊（瘃）。㠯（以）亓（其）古（故）緊（說）之，遠奈（夕）育＝（之月），鰮（舉）禕（禱）秋（太）一摯（精）〔1〕，五差〔2〕各一牂，句（后）土一牉（牂—搏），鰮（舉）禕（禱）大水一靜（精），吉玉，璋（璧）〔3〕之。〖39〗

【注釋】

〔1〕靜（精），王明欽（1989）釋為「嘉」，將本簡「太」祭品「摯」釋為「羜」。據此我們暫將此字釋為「靜」，但《楚系簡帛文字編》中無「靜」條，《楚系簡帛文字編（增訂本）》501 頁「靜」條下無天星觀楚簡辭例，97 頁所引兩條有關「大水」的辭例，其後皆作「一精」。

〔2〕五差，李零（1993）認為即《史記‧天官書》的「五佐」。

〔3〕璋（璧），滕壬生（2008）字形摹作「璋」，王明欽（1989）釋文作「璋」。裘錫圭、李家浩（1989）釋為「瑗（瓔）」，引《山海經‧中山經》「嬰用吉玉」、《西山經》「嬰以百珪百璧」，郭璞注：「嬰，謂陳之以環祭也。」認為「天星觀簡「瓔」字與此「嬰」字用法相同。

【白話譯文】

范獲志用承家習卜。占卜後視兆：長久來看吉利，有好轉，憮憮地，易出汗，稍微遲緩病癒。因為這個緣故進行「說」，遠夕之月，舉禱太一隻精，五差各一隻牂，后土一隻豬，舉禱大水一隻精，用吉玉祭祀。

【釋文】

郘還吕（以）朿（黯）萫（蓍）﹝1﹞為君貞：既肶（背）膺疾，已（以）心悤（悗—悶），尚母（毋）吕（以）是古（故）又（有）大咎。占之：吉，夜审（中）又（有）瘈（續），夜迻（過）分（半）又（有）列（間），壬午癅（瘥）。﹝40﹞

【注釋】

﹝1﹞朿萫（蓍），「朿」字寫作，可讀為「黯蓍」，指一種黑色的蓍草。

【白話譯文】

郘還用黯蓍為邨陽君貞問：後背胸口疼，心悶，希望不要因為這個緣故有大的災禍。占卜後視兆：吉利。夜裡病持續，夜過半之後有好轉，壬午病癒。

【釋文】

邨酖（沈）尹迻（過）﹝1﹞已（以）朿（黯）萫（蓍）為君貞：既肶（背）膺疾，已（以）心悤（悗—悶），尚母（毋）又（有）咎。占之：吉，無咎，又（有）祟=（祟，祟）見如殀之益死﹝2﹞，為□□□□□□甲午□□﹝41﹞

【注釋】

﹝1﹞邨酖（沈）尹迻（過），即貞人黃過。

﹝2﹞祟見如殀之益死，整句句意不明。滕壬生（1995）釋為「殜」。何琳儀（1998）「讀為「縊死」。李零（1999）讀「殜」為「世」。

【白話譯文】

邨沈尹過用黯蓍為邨陽君貞問：後背胸口疼，心悶，希望不要有大的災禍。占卜後視兆：吉利。沒有災禍，有鬼神邪祟，鬼神邪祟出現如殀之益死，為……甲午……

【釋文】

郘琭（瑤）習之吕（以）白霝（靈）。占之：悤（恆）貞吉，少（稍）迡（遲）癅（瘥），又（有）祟（祟）。吕（以）元（其）古（故）敚（說）之，

舉（舉）禧（禱）於二天子各兩羘，□兩羈（殺）。囟（思―使）社（攻）解於
累（盟）虞（詛）與弖（強）死。占之曰：吉，疾速瘀（瘥）。〖42〗

【白話譯文】

郘瑤用白靈習卜。占卜後視兆：長久來看吉利，稍微遲緩病癒，有鬼神邪祟。因
為這個緣故進行「說」，舉禱二天子各兩隻羘，□兩隻殺。使人用「攻」的方法解除盟
詛和強死（帶來的憂患）。占卜後視兆：吉利，疾病快速病癒。

【釋文】

墜（陳）郘習之㠯（以）新保（寶）豪（家）。占之：死（恆）貞吉，小
（稍）又（有）外（間）慼（戚），有祝（祟）。㠯（以）亓（其）古（故）敓
（說）之，舉（舉）禧（禱）社戠（特）牛，樂之。詘（蔽）志〔1〕，囟（思―
使）攻解於不殆（辜）、弖（強）死者〖43〗與禠（祖）柆（位）〔2〕。郘占之：
吉。〖156〗

【注釋】

〔1〕詘（蔽）志，沈培（2006）認為天星觀簡的「詘志」就是古書中的「蔽志」，其
後的話即「蔽志」的內容，即占卜者在此次占卜之前所定下的「志」。

〔2〕禠（祖）柆（位），王明欽（1989）釋文作「與□祖郘」。滕壬生（1995）「祖」
字下辭例為「詘志由攻解於不殆弖死者與祖柆」，柆「」字下辭例為「禠柆」，
在「與」字下的辭例有一條是「與禠柆（位）郘」。晏昌貴（2005B）讀為「祖
位」。今按：王明欽的釋文和滕壬生《楚系簡帛文字編》中，「祖」字辭例均只
有一例，二者所引簡文應該是同一處。無論是王明欽的「與□祖郘」還是滕壬
生的「與禠柆郘」，都應該在「郘」字前斷句，「郘」是貞人的名字。如果王明
欽釋文「與□祖郘」是「與祖□郘」之誤，那麼釋文應該是「與禠柆，郘占之：
吉」。如果王明欽釋文是正確的，那麼根據辭例，「與□祖」中所缺之字很有可
能是「盟」字。哪一種順序是正確的，還有待核驗原簡，不過我們更傾向於辭
例是「與盟詛，郘占之：吉」，因為卜筮祭禱簡中目前還沒有見到「祖柆」這一
鬼神，而「盟詛」則是卜筮祭禱簡中常見的鬼神。

【白話譯文】

陳郘用新寶家習卜。占卜後視兆：長久來看吉利，稍微有短暫的憂戚，有鬼神邪
祟。因為這個緣故進行「說」，舉禱社一隻牛。斷志，使人用「攻」的方法解除不辜、
強死者和祖位（帶來的憂患）。郘占卜後視兆：吉利。

【釋文】

黃芋呂（以）柬（瀬）苩（著）為君□□，見於白朝〔1〕，含（今）夕□□□棾（夕）甲午之夕，禵（禱）白朝犣（特）牰（犝）〔2〕，樂之，贛（贛）。執事人行諨瘜（瘵）〔3〕《44》

【注釋】

〔1〕白朝，「白朝」、「夜事」應分別是指掌管白晝和夜晚的神靈。

〔2〕犣（特）牰（犝），《爾雅·釋畜》：「犝牛。」郭注：「今無角牛。」

〔3〕執事人行諨瘜（瘵），執事人應是祭禱的執行者，整句句意不明。

【白話譯文】

黃芋用瀬著為邸陽君……白朝作祟，今晚……夕甲午晚上，祭禱白朝一隻犝，為其奏樂，跳舞。辦事人員行諨瘵。

【釋文】

盤圅（酉）習之呂（以）長篁（葦）〔1〕。盤圅（酉）占之：長吉，宜室，無咎無祱（祟）。《45》

【注釋】

〔1〕長篁（葦），筮類占卜工具。邴尚白（1999）認為應該就是用來筮占的長蘆葦。

【白話譯文】

盤酉用長葦習卜。盤酉占卜後視兆：長久吉利，適宜家室，沒有災禍沒有鬼神邪祟。

【釋文】

齊客紳（申）膔（獲）之戠（歲）《46》

【白話譯文】

在「齊客申獲之歲」這一年……

【釋文】

既賽《47》

【白話譯文】

已經賽禱……

【釋文】

　　既賽〖48〗

【白話譯文】

　　已經賽禱……

【釋文】

　　既賽宮陛（地）宔（主）〖49〗

【白話譯文】

　　已經賽禱宮地主……

【釋文】

　　既賽卓公〖50〗

【白話譯文】

　　已經賽禱卓公……

【釋文】

　　既〖51〗

【白話譯文】

　　已經……

【釋文】

　　既亯（享）祭惠公〖52〗

【白話譯文】

　　已經進獻食物祭祀惠公……

【釋文】

　　齊客〖55〗

【白話譯文】

　　齊客……

【釋文】

　　紳（申）〖56〗

【白話譯文】

申⋯⋯

【釋文】

秦客公孫紲〖57〗

【白話譯文】

秦客公孫紲⋯⋯

【釋文】

於葳郢之歊（歲），屈柰（夕）之月癸卯之日，義懌〖58〗

【白話譯文】

在「⋯⋯於葳郢之歲」這一年，屈夕之月癸卯之日，義懌⋯⋯

【釋文】

史丑習之呂（以）長〖59〗

【白話譯文】

史丑用長□習卜⋯⋯

【釋文】

墜（陳）遱習之呂（以）承豪（家）。占之〖60〗

【白話譯文】

陳遱用承家習卜。占卜後視兆⋯⋯

【釋文】

軞（范）腏（獲）志習之呂（以）白霝（靈）〖61〗

【白話譯文】

范獲志用白靈習卜⋯⋯

【釋文】

黃□習之呂（以）莟肜。占之：惡（恆）貞〔吉〕〖62〗

【白話譯文】

黃□用莟肜習卜。占卜後視兆：長久來看吉利⋯⋯

【釋文】

墜（陳）獻習之弖（以）長〖63〗

【白話譯文】

陳獻用長□習卜……

【釋文】

墜（陳）〔□〕習之弖（以）逾需（靈）。占之：惡（恆）貞吉〖64〗

【白話譯文】

陳□用逾靈習卜。占卜後視兆：長久來看吉利……

【釋文】

君月□□之月□□□□□□長需（靈）〖65〗

【白話譯文】

為邸陽君進行月貞：□□之月……用長靈……

【釋文】

習之弖（以）柬（黮）昔（蓍）。占之：夙（恆）貞吉，無咎，疾又（有）瘣（續）。弖（以）亓（其）古（故）繁（說）之，罷禲（禱）□犖（特牛）〖66〗

【白話譯文】

用黮蓍習卜。占卜後視兆：長久來看吉利，沒有災禍，疾病持續。因為這個緣故進行「說」，罷禱□一隻牛……

【釋文】

棽（夕）之月〖67〗

【白話譯文】

夕之月……

【釋文】

占之：惡（恆）貞吉，小（稍）又（有）愶（戚）於宮人。弖（以）亓（其）古（故）敓（說）之，遷（迻）史丑之敓（說），墾（舉）禲（禱）惠公〖68〗

【白話譯文】

占卜後視兆：長久來看吉利，家人稍有憂戚。因為這個緣故進行「說」，移用史丑的「說」，舉禱惠公⋯⋯

【釋文】

吉，少（稍）迡（遲）瘇（瘥）〔1〕，又（有）絷=（祟。說）之，遠柰（夕）之〚69〛

【注釋】

〔1〕瘇（瘥），王明欽（1989）釋文逕作「疸」。今按：《楚系簡帛文字編》無「疸」條，疑應為「瘇」字。

【白話譯文】

吉利，稍微遲緩病癒，有鬼神邪祟。進行「說」，遠夕⋯⋯

【釋文】

歲（歲）之青=（十月），寀（集）歲（歲）尚自利訓（順）。占之：死（恆）貞〔吉〕〚70〛

【白話譯文】

下一年的十月，一整年希望順利。占卜後視兆：長久來看吉利⋯⋯

【釋文】

貞吉〚71〛

【白話譯文】

長久來看吉利⋯⋯

【釋文】

時（侍）王〚72〛

【白話譯文】

侍奉君王⋯⋯

【釋文】

死（恆）〚73〛

【白話譯文】

　　長久……

【釋文】

　　慭（恆）貞〔吉〕〖74〗

【白話譯文】

　　長久來看吉利……

【釋文】

　　遠夡（夕）之月，尚自利訓（順）。占之：吉，無敓（祟）。〖75〗

【白話譯文】

　　遠夕之月，希望順利。占卜後視兆：吉利，沒有鬼神邪祟。

【釋文】

　　貞吉，旮（幾）审（中）小（稍）又（有）慼（戚）於㝢=（躬身），小（稍）又（有）惡〖76〗

【白話譯文】

　　長久來看吉利，在所貞問的這一段時間裡身體稍微有些憂戚，稍有惡事……

【釋文】

　　聿（盡）屈〖77〗

【白話譯文】

　　整個屈夕……

【釋文】

　　审（中）小（稍）又（有）慼（戚）於㝢=（躬身），又（有）敓（祟）。 吕（以）亓（其）古（故）敓（說）之，逿（逷）盬（鹽）丁之敓（說），罜（擇）良日炎（爨）月，嬰（舉）禱（禱）秋（太）一䐗，司命、司〔䄵（禍）各〕一䐗。詘（蔽）志〖78〗

【白話譯文】

　　在所貞問的這一段時間裡身體稍微有些憂戚，有鬼神邪祟。因為這個緣故進行「說」，移用鹽丁的「說」，選擇爨月的好日子，舉禱太一隻䐗，司命、司禍各一隻䐗。斷志……

【釋文】

小（稍）又（有）慼（戚）於身=（躬身），又（有）繁（祟）。已（以）亓（其）古（故）敓（說）之，賽禱（禱）夜事〔1〕戠（特）豢（豢），樂之〖79〗

【注釋】

〔1〕夜事，「夜事」與「白朝」相對，應是指掌管夜晚的神靈。

【白話譯文】

身體稍微有些憂戚，有鬼神邪祟。因為這個緣故進行「說」，賽禱夜事一隻豢，為其奏樂⋯⋯

【釋文】

迡（遲）瘥（瘥），又（有）繁（祟）。已（以）亓（其）古（故）敓（說）之。祕（蔽）志，囟（思—使）攻〖80〗解於不姑（辜），睪（擇）良日〖117〗

【白話譯文】

遲緩病癒，有鬼神邪祟。因為這個緣故進行「說」。斷志，使人用「攻」的方法解除不辜（帶來的憂患），選擇好日子⋯⋯

【釋文】

牉（將）又（有）瘝（續），又（有）繁（祟）。已（以）亓（其）古（故）繁（說）之〖81〗

【白話譯文】

將有持續，有鬼神邪祟。因為這個緣故進行「說」⋯⋯

【釋文】

於身=（躬身），又（有）祝（祟）。已（以）亓（其）古（故）〖82〗

【白話譯文】

身體，有鬼神邪祟。因為這個緣故進行「說」⋯⋯

【釋文】

亓（其）〖83〗

【白話譯文】

其⋯⋯

【釋文】

　　呂（以）〖84〗

【白話譯文】

　　以……

【釋文】

　　敓（說）之〖85〗

【白話譯文】

　　進行「說」……

【釋文】

　　罨（擇）良日遠柰（夕）之月，言（享）祭惠公於陽（穆）之位〔1〕，戠（特）豠（豢），饋之，禁（沉）〔2〕於大波〔3〕一牂，言（享）〖86〗

【注釋】

〔1〕陽（穆）之位，李家浩（2001A）認為類似包山祭禱簡「為位」的「位」，還見於天星觀簡「享祭惠公於穆之位」，應該是指神位。

〔2〕禁（沉），指沉祭。

〔3〕大波，邴尚白（1999）認為可能就是指神話傳說中的波濤之神陽侯。晏昌貴（2005B）認為「大波」即「大水」。

【白話譯文】

　　選擇遠夕之月的好日子，在穆位進獻食物祭祀惠公，一隻豢，進行饋祭，沉祭大波一隻牂，進獻……

【釋文】

　　罷禱（禱）□犖＝（戠—特牛），樂〖87〗

【白話譯文】

　　罷禱□一隻牛，為其奏樂……

【釋文】

　　之，賽禱（禱）宮陞（地）宔（主）〖88〗

【白話譯文】

賽禱宮地主……

【釋文】

覐（舉）禤（禱）惠公〖89〗

【白話譯文】

舉禱惠公……

【釋文】

罷禤（禱）西方〔1〕全豬，乙巳又（有）闦（間），戊申或又（有）闦（間）〖90〗

【注釋】

〔1〕西方，指四方神之一。

【白話譯文】

罷禱西方一整隻豬，乙巳有好轉，戊申又有好轉……

【釋文】

賽禤（禱）惠公，百（百），㠯（以）狂（�家豕）〔1〕。占之曰：吉，癸巳之日〔2〕，賽禤（禱）〖91〗

【注釋】

〔1〕賽禤（禱）惠公，百（百），㠯（以）狂（家豕），王明欽（1989）釋文作「□惠公自以豻」。滕壬生（1995）741 頁「豻」條下字形作 **豻**，辭例作「賽□惠公首以豻」。晏昌貴（2005B）釋作「賽〔禱〕惠公首以家豕」。許道勝（2008）釋作「□惠公自以豻」。

〔2〕癸巳之日，王明欽（1989）釋文作「癸巳之月」。晏昌貴（2005B）釋作「癸巳之日」。

【白話譯文】

用家豕賽禱惠公，為其唱歌。占卜後視兆：吉利，癸巳之日，賽禱……

【釋文】

三月，賽禤（禱）秋（太）一精，司命、司禑（禍）〖92〗

【白話譯文】

三月，賽禱太一隻精，司命、司禍⋯⋯

【釋文】

賽〖93〗

【白話譯文】

賽禱⋯⋯

【釋文】

龗禑（禱）卓公訓（順）至惠公大牢，樂之，百（百），贛（竷），龗禩（禱）大禍（昊）〔1〕哉（特）牛，酉（酒）〔飲〕〖94〗

【注釋】

〔1〕大禍（昊），何琳儀（1998）讀為「太高」，指祖先。邴尚白（1999）推測似應與祖神有關。李零（1999）疑即「大昊」。

【白話譯文】

龗禱卓公延至惠公大牢，為其奏樂，唱歌，跳舞，龗禱大昊一隻牛，以酒獻之⋯⋯

【釋文】

□□□睪（擇）良日□□車〖95〗

【白話譯文】

選擇好日子⋯⋯車⋯⋯

【釋文】

舉（舉）禑（禱）大水〖96〗

【白話譯文】

舉禱大水⋯⋯

【釋文】

〔大〕水一〖97〗

【白話譯文】

大水一⋯⋯

【釋文】

禮（禱）大禞（昊）犨=（戠—特牛）〖98〗

【白話譯文】

禱大昊一隻牛……

【釋文】

豨（豢），羿（樊—返）饋，亯（享）祭葙禨（厲）〔1〕肥〖99〗

【注釋】

〔1〕葙禨（厲），可能指某種厲鬼，彭家灣楚簡中有「厶萬（厲）」。

【白話譯文】

豢，返回後進行饋祭，進獻食物祭祀葙禨……

【釋文】

□衹〔1〕，犨=（戠—特牛）〖100〗

【注釋】

〔1〕□衹，有可能就是26號簡的「泝衮」。

【白話譯文】

□衹一隻牛……

【釋文】

司命、司禍（禍）各一〖101〗

【白話譯文】

司命、司禍各一……

【釋文】

〔司〕禍（禍）〖102〗

【白話譯文】

司禍……

【釋文】

〔句（后）〕土一〖103〗

【白話譯文】

后土一……

【釋文】

各一牂〖104〗

【白話譯文】

各一隻牂……

【釋文】

各一牂〖105〗

【白話譯文】

各一隻牂……

【釋文】

牂，句（后）土一□〖106〗

【白話譯文】

牂，后土一……

【釋文】

一翔（殺），罩（擇）〖107〗

【白話譯文】

一隻殺，選擇……

【釋文】

尚母（毋）〖108〗

【白話譯文】

希望不要……

【釋文】

□一牅（牅—耩）〖109〗

【白話譯文】

一隻耩……

【釋文】

疾又（有）痟（瘳）〖110〗

【白話譯文】

疾病有好轉……

【釋文】

㝩（寒）然，已（以）憲=（戚戚）肰（然）不欲〔飤（食）〕〖111〗

【白話譯文】

發冷，慼慼地不想吃東西……

【釋文】

飤，季父〔1〕〖112〗

【注釋】

〔1〕季父，父之幼弟。

【白話譯文】

飤，季父……

【釋文】

飤。占之曰：吉，遠柰（夕）之月〖113〗

【白話譯文】

飤。占卜後視兆：吉利，遠夕之月……

【釋文】

□之䛑（說），囟（思—使）攻〖114〗

【白話譯文】

的「說」，使人用「攻」的方法……

【釋文】

囟（思—使）攻解於累（盟）襐（詛）〖115〗

【白話譯文】

使人用「攻」的方法解除盟詛（帶來的憂患）……

【釋文】

囟（思—使）攻解於不殆（辜）〖116〗

【白話譯文】

使人用「攻」的方法解除不辜（帶來的憂患）⋯⋯

【釋文】

不殆（辜）、弖（強）死，旮（幾）审（中）牁（將）〖118〗

【白話譯文】

不辜、強死，在所貞問的這一段時間裡將⋯⋯

【釋文】

殆（辜），鄉（應）楊占〖119〗

【白話譯文】

辜，應楊占卜⋯⋯

【釋文】

臮（盟）〔1〕與弖（強）死者〖120〗

【注釋】

〔1〕臮（盟），王明欽（1989）釋文僅有「臮」字，其後未見「詛」字。晏昌貴（2005B）
認為「盟」後或脫一「詛」字。今按：包山241號簡有單稱「䚯（詛）」者，「盟
詛」或為二神祇，職司分別為「盟誓」和「詛咒」。

【白話譯文】

盟詛和強死者⋯⋯

【釋文】

冬〖121〗

【白話譯文】

冬⋯⋯

【釋文】

□审（中）月〖122〗

【白話譯文】

　　中月……

【釋文】

　　□旨（幾）〖123〗

【白話譯文】

　　這一段時間……

【釋文】

　　审（中）迲（去）尻（處）。已（以）是古（故）敚（說）〖124〗

【白話譯文】

　　離開居所。因為這個緣故進行「說」……

【釋文】

　　□為〖126〗

【白話譯文】

　　為……

【釋文】

　　夛占之〖127〗

【白話譯文】

　　夛占卜……

【釋文】

　　□〖129〗

【白話譯文】

　　……

【釋文】

　　王之〖130〗

【白話譯文】

　　王之……

【釋文】

之□〖131〗

【白話譯文】

之……

【釋文】

之，奠（鄭）愴〖132〗

【白話譯文】

之，鄭愴……

【釋文】

㠯（以）㥾=（戚戚）肰（然）□〖133〗

【白話譯文】

慽慽地……

【釋文】

□□〖134〗

【白話譯文】

……

【釋文】

一〖135〗

【白話譯文】

一……

【釋文】

□〖136〗

【釋文】

宭（中）又（有）憙（喜），旨（幾）宭（中）牆（將）達（動）迲（去）尻（處）〔1〕，不為㦬（憂）〖137〗

【注釋】

〔1〕達（動）迲（去）尻（處），遷移離開居所。

【白話譯文】

在所貞問的這一段時間裡有喜事，在所貞問的這一段時間裡將要遷移離開居所，不會造成憂戚……

【釋文】

是古（故）又（有）大咎。占之：惡（恆）貞吉，無咎。〖138〗

【白話譯文】

因為這個緣故有大的災禍。占卜後視兆：長久來看吉利，沒有災禍。

【釋文】

瘳〖139〗

【白話譯文】

好轉……

【釋文】

又（有）瞷（間），疾剴（烈）﹝1﹞肰（然）退（遲）瘉（瘥），至勫（荊）尿（夷）之月安（焉）良瘉（瘥）。〖140〗

【注釋】

﹝1﹞剴（烈），《楚系簡帛文字編》1138 頁字形作 ▓。晏昌貴（2005B）釋為「冽」。

今按：此字即楚簡中常見的「剴」字，簡文中可讀為「烈」，指病情嚴重。

【白話譯文】

有好轉，疾病劇烈遲緩病癒，到荊夷之月才好轉病癒。

【釋文】

午大□〖141〗

【白話譯文】

午大……

【釋文】

桓〖142〗

【白話譯文】

桓……

【釋文】

　　酉（酒）飤。郢〔1〕占之：吉。〖143〗

【注釋】

〔1〕郢，王明欽（1989）釋文作「䢇」。許道勝（2008）云：丑（從卩），滕壬生釋。

　　　今按：《楚系簡帛文字編》未見「䢇」、「邼」條，《楚系簡帛文字編》534頁、

　　　《楚系簡帛文字編（增訂本）》619頁有辭例「郢占之吉」。

【白話譯文】

　　以酒獻之。郢占卜後視兆：吉利。

【釋文】

　　吉〖144〗

【白話譯文】

　　吉利……

【釋文】

　　□占之：吉〖145〗

【白話譯文】

　　占卜後視兆：吉利……

【釋文】

　　之殤（殤）〖146〗

【白話譯文】

　　未成年而死……

【釋文】

　　□牉（將）又（有）憙（喜）〖147〗

【白話譯文】

　　將有喜事……

【釋文】

　　占之：吉。〖148〗

【白話譯文】

占卜後視兆：吉利……

【釋文】

占之：吉。〖149〗

【白話譯文】

占卜後視兆：吉利……

【釋文】

之：吉，旮（幾）审（中）牁（將）又（有）悥（喜）事。〖150〗

【白話譯文】

吉利，在所貞問的這一段時間裡將有喜事……

【釋文】

繋（繫）車二輬（乘），與亓（其）□□於□□。盬（鹽）丁占之：吉。〖151〗

【白話譯文】

繫祭兩乘車，和他……於……鹽丁占卜後視兆：吉利。

【釋文】

旮（幾）审（中）牁（將）弁（變）眾〖152〗

【白話譯文】

在所貞問的這一段時間裡將變化……

【釋文】

墜（陳）道占之：吉。〖153〗

【白話譯文】

陳道占卜後視兆：吉利。

【釋文】

旮（幾）审（中）又（有）□〔1〕悥（喜）〖154〗

【注釋】

〔1〕□，可能是「大」字。

【白話譯文】

在所貞問的這一段時間裡有喜事……

【釋文】

縣（舉）禱（禱）惠公大牢，樂之，秋三月，罟（擇）良日賽禱（禱）白朝戠（特）牪（犝），樂之。軋（范）朕（獲）志占之曰：吉。〖155〗

【白話譯文】

舉禱惠公大牢，為其奏樂，秋三月，選擇好日子賽禱白朝一隻犝，為其奏樂。范獲志占卜後視兆：吉利。

【釋文】

之，罟（擇）良日臭（爨）月遊晉（巫）。懌占之：吉。〖157〗

【白話譯文】

選擇爨月的好日子，對巫進行遊祭。懌占卜後視兆：吉利。

【釋文】

趄（桓）公□亯（享）酉祭□羊。朕（獲）志占之：吉。〖158〗

【白話譯文】

桓公……進獻食物祭祀……羊……范獲志占卜後視兆：吉利。

【釋文】

牪（牅—犡），賽禱（禱）大水一犆，縣（舉）禱（禱）大禍（昊）犖＝（戠—特牛）。丁占之：吉。〖159〗

【白話譯文】

犡，賽禱大水一隻，舉禱大昊一隻牛。丁占卜後視兆：吉利。

【釋文】

辛亥憙（喜）事之〖160〗

【白話譯文】

辛亥喜事……

【釋文】

□羊。占之：吉。〖161〗

【白話譯文】

　　祥。占卜後視兆：吉利。

四、秦家嘴 M1、M13、M99 號墓卜筮祭禱簡

（一）秦家嘴 M1 號墓楚簡

【釋文】

　　周客蘳（韓）無〔誾（問）〕〔1〕王於宋東之戠（歲），冬柰（夕）之月辛未之日，紲（紫）〔2〕已（以）亓（其）又（有）疾之古（故），箸（筮）之於戠（胡）□，曰：又（有）敓（祟）見（現）〖1〗

【注釋】

〔1〕誾（問），晏昌貴（2005A）輯文中沒有「誾（問）」字。今按：「某客問王於某地之歲」的格式，在楚簡紀年常見，釋文應補「誾」或「睧」字。

〔2〕紲（紫），秦家嘴 M1 號墓墓主。

【白話譯文】

　　在「周客韓無問王於宋東之歲」這一年，冬夕之月辛未之日，紫因為他有疾病的緣故，胡□用筮占為其占卜說：有鬼神邪祟出現……

【釋文】

　　禱蘇〔1〕都於五殜（世）王父〔2〕已（以）逾至新（親）父，凡紲（紫）敢昌〔3〕〖2〗

【注釋】

〔1〕蘇，「禱」後一字字形未見，《楚系簡帛文字編》530 頁「都」字的辭例中隸定為「蘇」，暫不識。

〔2〕五殜（世）王父，卜筮祭禱簡中除了「五世王父」，彭家灣 183 號墓、264 號墓楚簡還有「三世王父」，從辭例來看，「五世王父」「三世王父」應是指固定的某一代祖先，而不是指共五代祖先或共三代祖先。包山簡中左尹卲佗的祖父稱作「親王父」，由此推斷，三世王父應是指曾祖，五世王父則是曾祖的祖父。

〔3〕昌，學者均釋為「員」，應是「昌」字，字形可比照上博四《曹沫之陣》16 號簡、清華三《周公之琴舞》11 號簡。

【白話譯文】

禱蘇都於五世祖輩，順至父親，都是紫敢耳……

【釋文】

至新（親）父，句（苟）囚（思—使）紃（紫）之疾速瘊（瘥），紃（紫）牆（將）罫（擇）良月良日牆（將）速賽〖3〗

【白話譯文】

至父親，如果使紫的疾病快速病癒，紫將選擇好月份中的好日子將會快速賽禱……

（二）秦家嘴 M13 號墓楚簡

【釋文】

乙未之日，賽禱五祼（世）㠯（以）至新（親）父母，肥豠（豢）……父母……申未之日〔1〕〖1〗

【注釋】

〔1〕申未之日，「申未」這個干支明顯有誤。

【白話譯文】

乙未之日，賽禱五世祖輩，順至父母，肥豢，……父母……申未之日……

【釋文】

丁丑之日，逪（魏）豹（豹）〔1〕習㠯（以）尨黽（靈）〔2〕，占之：吉，又（有）敓（祟）。㠯（以）亓（其）古（故）敓（說）之〖2〗

【注釋】

〔1〕逪（魏）豹（豹），又寫作「郙豹」，此貞人還見於望山楚簡。

〔2〕尨黽（靈），尨指雜色。

【白話譯文】

丁丑之日，魏豹用尨靈習卜，占卜後視兆：吉利，有鬼神邪祟。因為這個緣故進行「說」……

【釋文】

之歲，〔□□之月〕癸酉之日，郙（魏）豹（豹）〔㠯（以）〕黃黽（靈）……訓（順）至新（親）父〖3〗

【白話譯文】

之歲，〔□□之月〕癸酉之日，魏豹用黃靈……延順至父親……

【釋文】

訓（順）至新（親）父母、眾畏（鬼）〔1〕，犆（特）牛，酉（酒）飤。〚4〛

【注釋】

〔1〕眾畏（鬼），《後漢書・費長房傳》：「後失其符，為眾鬼所殺。」

【白話譯文】

延順至父母、眾鬼，一隻牛，以酒獻之。

【釋文】

貞：既□禱〔1〕哉（特）牛於五褋（世）王父王〔母〕〚5〛

【注釋】

〔1〕□禱，簡文對五世王父王母常用的祭祀方法是「賽禱」，空缺之字有可能是「賽」字。

【白話譯文】

貞問：已經□禱一隻牛於五世祖父母先輩……

【釋文】

顋（夏）柰（夕）之月丁丑之日，苛慶㠯（以）坒（廣）黿（靈）〔1〕〔為〕薦連囂（敖）……少（稍）又（有）慼（戚）於宮室〚8〛

【注釋】

〔1〕坒（廣）黿（靈），廣與長相對，應是指形狀較寬的龜類卜筮工具。

【白話譯文】

夏夕之月丁丑之日，苛慶用廣靈為薦連敖……家中稍微有些憂戚……

【釋文】

尚毋又（有）咎。占之：死（恆）貞吉，少（稍）又（有）慼（戚）於宮室〔1〕。㠯（以）亓（其）古（故）敓（說）之，方秋三月，賽禱五〔褋（世）〕〚14〛

【注釋】

〔1〕宮室，滕壬生（1995）「少」字下辭例「宮室」誤作「宮中」。

【白話譯文】

希望不要有災。占卜後視兆：長久來看吉利，家中稍有憂戚。因為這個緣故進行「說」，值秋三月時，賽禱五世……

（三）秦家嘴 M99 號墓楚簡

【釋文】

甲申之夕〔1〕……乙酉之日，賽禱宮堅（地）宝（主）一貓（豭一殺），司命……酉（酒）飤，襟（磔）〔2〕之。賽禱行一白犬，酉（酒）飤。苛慶占之：吉，速瘥（瘥）。〖1〗

【注釋】

〔1〕甲申之夕，關於本簡文字的順序，「甲申之夕」在「乙酉之日」前一天，因簡文不全，這兩個時間位置排列的可能性很多，暫排在簡文最前。在楚卜筮祭禱簡中，「某某占之吉」或「某某占之曰吉」屬於第二次占卜，一般是在簡文的最後，並且其前沒有時間，如天星觀楚簡有「奠（鄭）愴占之：吉，旬日又（有）刖（間）」，本簡的「苛慶占之：吉，速瘥（瘥）」也宜放在釋文的最後。簡文中出現兩次「酒食」，目前所見楚卜筮祭禱簡中，「宮地主」、「司命」後一般無「酒食」，因此「酒食，襟（磔）之」有可能是祭祀其他鬼神的。「行」後一般有「酒食」，並且是最後的祭祀對象。

〔2〕襟（磔），字形作 襟」，滕壬生（1995）釋為「襟」，滕壬生（2008）改釋為「祚」，但「襟」字條下重出，讀為「世」。此字應釋為「襟」，右旁即包山 191 號簡「燦」字所從（字形作 ），作為祭祀名稱可讀為「磔」，指裂牲。

【白話譯文】

甲申之夕……乙酉之日，賽禱宮地主一隻殺，司命……以酒獻之，裂牲。賽禱行一隻白犬，以酒獻之。苛慶占卜後視兆：吉利，快速病癒。〖1〗

【釋文】

賽禱行一白犬〔1〕〖2〗

【注釋】

〔1〕賽禱行一白犬，此條晏昌貴（2005A）未輯。

【白話譯文】

　　賽禱行一隻白色的犬……

【釋文】

　　埜（野）〔1〕㠯（以）亓（其）又（有）疠（病）之……恙（恙）也〔2〕，至秋三月，瘥（瘥），毋死，與妻子女〖3〗白羽之觳〔3〕〖3背〗

【注釋】

　　〔1〕埜（野），秦家嘴 M99 號墓墓主。

　　〔2〕恙（恙）也，晏昌貴（2005A）連讀為「有病之恙也」。今按：卜筮祭禱簡中常見「以其有病之故」，因此暫不將「埜以其有病之」與「恙也」連讀。

　　〔3〕「白羽之觳」，寫在簡的背面，內容應屬於遣策，「觳羽」一詞遣策中常見。

【白話譯文】

　　野因為他有疾病的緣故……有恙，到秋三月，病癒，不要死，和妻子兒女……

【釋文】

　　占之：吉……占之：四歲（歲）無咎。〖4〗

【白話譯文】

　　占卜後視兆：吉利……占卜後視兆：四年沒有災禍。

【釋文】

　　埜（野）㠯（以）亓（其）又（有）疠（病）之……苛慶習黃靈（靈）。占之：吉，無咎無祟（祟）。〖5〗

【白話譯文】

　　野因為他有疾病的緣故……苛慶用黃靈習卜。占卜後視兆：吉利，沒有災禍沒有鬼神邪祟。

【釋文】

　　王母至新（親）〔1〕〖9〗

【注釋】

　　〔1〕王母至新（親），此條晏昌貴（2005）一文未輯。辭例見於滕壬生《楚系簡帛文字編》「至」字和「毋」字條下。

【白話譯文】

祖父母輩延至父親……

【釋文】

禱之於五襟（世）王父王母，訓（順）至新（親）父母，疾……壹（壹）〔1〕速賽之〖10〗

【注釋】

〔1〕壹（壹），《玉篇·壹部》：「皆也。」

【白話譯文】

禱於五世祖父母先輩，延續至親父母，疾病……全部快速賽禱。

【釋文】

賽禱於五襟（世）王父王母……埅（地）宝（主）、司命、司褙（禍）各一羢（殺），纓〔1〕之吉玉，北方，一環〖11〗

【注釋】

〔1〕纓，裘錫圭、李家浩（1989）曾指出卜筮祭禱簡中的「瓔」字與《山海經·中山經》「嬰用吉玉」、《西山經》「嬰以百珪百璧」的「嬰」用法相同。「纓」亦見於新蔡葛陵楚簡中，徐在國（2003）也指出用法也應該與《山海經》中「嬰」字用法相同。羅新慧（2005）進一步指出其基本含義是將裝飾了的玉器懸掛於祭牲之上以祀神。

【白話譯文】

賽禱五世祖父母先輩……地主、司命、司禍各一隻殺，將吉玉懸掛於祭牲之上祭祀，北方，一玉環……

【釋文】

軛（范）腠（獲）志……連嚚（敖）……亓（其）妻子人未弖（以）豾（粘一殺）〔1〕〖12〗

【注釋】

〔1〕此條晏昌貴（2005A）未輯。

【白話譯文】

范獲志……連敖……他的妻子兒女不用殺……〖12〗

【釋文】

〔秋〕﹝1﹞三月罨（擇）良日舉（舉）禱大陞（地）主一豭（豭—殺），舉（舉）禱犬（太）……由（思—使）攻……縷之吉玉。疾速瘥（瘥），速賽之。占之：吉。〖14〗

【注釋】

〔1〕秋，晏昌貴（2005A）補「秋」字，並認為楚人大約有在秋季賽禱的習俗。

【白話譯文】

選擇秋三月內的好日子舉禱大地主一隻殺，舉禱太……使人用「攻」的方法……將吉玉懸掛於祭牲之上祭祀。疾病快速病癒，快速賽禱。占卜後視兆：吉利。

【釋文】

秦客公孫鞅甹（聘）於楚之戠（歲）﹝1﹞，八月庚子音=（之日），埜（野）已（以）亓（其）又（有）肪（病）之〖15〗

【注釋】

〔1〕秦客公孫鞅聘於楚之歲，楚國以事紀年，晏昌貴（2005A）認為此紀年當在公元前356至公元前340年之間，李學勤（2006）確切到公元前340年。

【白話譯文】

在「秦客公孫鞅聘於楚之歲」這一年，八月庚子之日，野因為他有疾病的緣故……

五、丁家嘴 M2 號墓卜筮祭禱簡

【釋文】

秦客虢戎迒（踞）楚之戠（歲），斉=（九月）☒〖1—01〗

【白話譯文】

在「秦客虢戎踞楚之歲」這一年，九月……

【釋文】

斉=（九月）壬寅音=（之日），黃🖋﹝1﹞頹已（以）御簦（筮）為婁☒〖1-03〗

【注釋】

〔1〕🖋，《湖北武漢丁家咀 M1、M2 出土戰國竹簡》（2005）認為右旁從支，左旁

與郭店楚簡《五行》中讀為「察」的從「言」之字的右旁、《語叢四》中讀為「竊」的從「攴」之字的左旁相近。該字此處用作人名，讀為何字，待考。

【白話譯文】

九月壬寅之日，黃![字]![字]用御筮為婁君……

【釋文】

壬寅音=（之日），㠯（以）婁君之瘠〔1〕之古（故），舉（舉）禬（禱）☑〖1—15〗

【注釋】

〔1〕瘠，字形作![字]，《湖北武漢丁家咀 M1、M2 出土戰國竹簡》（2005）認為從「疒」，聲符尚無確釋，或是「巽」，又疑是從「厽（參）」。

【白話譯文】

壬寅之日，因為婁君有病的緣故，舉禱……

【釋文】

至亓（其）保〔1〕，或（又）禬（禱）於厶（私）晉（巫）〔2〕，至亓（其）呆（保），㠯（以）己未音=（之日），或（又）禬（禱）於□☑〖1-27〗☑之社，一豽（粘—殺）。〖1-27 背〗

【注釋】

〔1〕至其保，與包山 M2 號墓 244 號簡「且桓（樹）保，逾之」相似。李家浩（2001B）認為「保」當是「樹」的賓語，應該是名詞，疑讀為「葆」。

〔2〕望山 M1 號墓 119 號簡有「大夫之私巫」，此處的私巫可能是婁君的私屬之巫。

【白話譯文】

準備好葆幢，又向私巫祈禱，準備好葆幢，己未之日祈禱於……之社，一殺……

【釋文】

占之：吉，又（有）祝（祟）於大水☑〖1—29〗☑獵（狙）。舉□☑〖1—29 背〗

【白話譯文】

占卜後視兆：吉利，有鬼神邪祟出現，是大水……狙……舉……

六、嚴倉 M1 號墓卜筮祭禱簡

【釋文】

　　宋客左帀（師）辰逐（踵）楚之戠（歲），荊屄（夷）〔之月〕，□□之日，觀珊〔1〕已（以）長霝（靈）為大司馬悶（悼）滑〔2〕貞：既走趣於邦，出入侍王，自宋客左師辰之戠（歲）荊屄（夷），已（以）就來戠（歲）之荊屄（夷），尚毋又（有）咎。〖12+25+22〗

【注釋】

〔1〕觀珊，應即包山卜筮祭禱簡中的「觀綳」。

〔2〕大司馬悶（悼）滑，已見於包山楚簡，李天虹（2014）認為自公元前 316 年率師救郙到去世，悼滑可能一直擔任大司馬之職，職位未有變化。

【白話譯文】

　　在「宋客左師辰踵楚之歲」這一年，荊夷之月□□之日，觀珊用長靈為大司馬悼滑貞問：奔走於邦國，出入侍奉君王，從「宋客左師辰踵楚之歲」這一年的荊夷，到來年的荊夷，希望不要有災禍。

【釋文】

　　亯月庚辰之夕〈日〉〔1〕，□已（以）大司馬悶（悼）滑又（有）病之古（故）☑〖2+4〗

【釋文】

〔1〕庚辰之夕，李天虹（2014）認為「夕」是「日」之誤。今按：新蔡葛陵楚簡中有在某日之「夕」祭祀的例子。

【白話譯文】

　　亯月庚辰的晚上，因為大司馬悼滑有病的緣故……

七、望山橋 M1 號墓卜筮祭禱簡

【釋文】

　　秦客窮成䎽（問）王於葳郢之戠（歲）☑〖1〗

【白話譯文】

　　在「秦客窮成問王於葳郢之歲」這一年……

【釋文】

　　☑蒼，義懌㠯（以）軖（廣）霝（靈）為中廏尹貞：又（有）祟（祟），舉（舉）禱（禱）於菓（簡）王，哉（特）牛，舉（舉）☑〖2〗

【白話譯文】

　　蒼，義懌用廣靈為中廏尹貞問：有鬼神邪祟，舉禱簡王一隻牛，舉……

【釋文】

　　☑於惡（悼）王，哉（特）牛。〖3〗

【白話譯文】

　　悼王一隻牛。

【釋文】

　　☑舉（舉）禱（禱）於戜（肅）王〔1〕，哉（特）牛，舉（舉）禱（禱）於☑〖4〗

【注釋】

　　〔1〕戜（肅）王，楚肅王，楚悼王之子熊臧。

【白話譯文】

　　舉禱肅一隻牛，舉禱……

【釋文】

　　舉（舉）禱（禱）於王子酉（丙）〔1〕，哉（特）豯（豢）。舉（舉）禱（禱）於坏（社），哉（特）獦（狙）。我（義）懌占之曰：吉☑〖5〗

【注釋】

　　〔1〕王子酉（丙），蔣魯敬（2017）認為是墓主中廏尹的父親。

【白話譯文】

　　舉禱王子丙一隻豢，舉禱社一隻狙。義懌占卜後視兆說：吉利……

八、唐維寺 M126 號墓卜筮祭禱簡

【釋文】

　　郢（郢—燕）客臧（臧）賓聞（問）王於郞（蔵）郢之哉（歲），顕（夏）

屖（夷）音=（之月）壬戌音=（之日），䜌（欒）遊（失）吕（以）為樂尹須孟產〔1〕貞，簪（筮），吕（以）亓（其）又（有）脊（肩）伓（背）、捭（臂）抶（腰）、躳（胸）膷（脅）疾，吕（以）孚（悗—悶）心之古（故），尚毋為蚉（尤—憂）。死（恆）貞吉，不為蚉（尤—憂），又（有）繁（祟）〖1〗見（現）。吕（以）亓（其）古（故）敓（說）之，吕（以）亓（其）又（有）歬（前）禱（禱）〔2〕，因亓（其）倉（禽）〔3〕，而罷禱（禱）安（焉），祓（太）一牂，陛（地）宔（主）、司命各一䍽（羖），北方丬玉〔4〕一環，至冬三月敹（擇）良日賽之。遊（失）占之：大吉，疾速瘻（瘥）。〖2〗

【注釋】

〔1〕樂尹須孟產，墓主須孟產，官職為樂尹。

〔2〕歬（前）禱（禱），趙曉斌（2019）認為「前禱」就是上次禱告的意思。前輩學者已根據郭店簡指出「罷」可讀為「一」，葛陵簡中有「弌禱」，那麼「罷禱」就是「一禱」。「以其有前禱，因其今而罷禱」的意思就是按照上次禱的內容和形式，現在再來一遍。

〔3〕因亓（其）倉（禽），蘇建洲（2021）認為是說因為有之前祭禱方案，現在再因襲之前的禽牲而進行「罷禱」。

〔4〕丬玉，還見於新蔡葛陵楚簡，宋華強（2010）疑當讀為「玭」，《說文．玉部》：「玭，蜃甲也，所以飾物也，《禮記》曰：『佩刀，天子玉琫而玭珌。』」段玉裁注：「蜃飾謂之玭。」「丬玉」疑指以蜃甲為飾之玉。

【白話譯文】

在「燕客臧賓問王於莪郢之歲」這一年，夏夷之月壬戌之日，欒失為樂尹須孟產貞問，筮卜：因為他肩背、臂腰、胸脅疼痛，心悶的緣故，希望不要成為憂戚。長久來看吉利，不會成為憂戚，有鬼神邪祟出現。因為這個緣故進行「說」，因為前面已經有祭禱，因襲之前的禽牲，進行罷禱，太一隻牂，地主、司命各一隻羖，北方丬玉一環，到冬三月選擇好日子賽禱。失占卜後視兆：大吉，疾病快速病癒。

【釋文】

郯（匽—燕）客臧（臧）之賓餌（問）王於莪郢之哉=（之歲），賩（遠）柰（夕）音=（之月）丙午音=（之日），晉（巫）公以為產貞，簪（筮），吕（以）亓（其）又（有）脊（肩）伓（背）、捭（臂）拒〈抶—腰〉〔1〕、脝（胸）膷（脅）疾之古（故），尚毋為蚉（尤—憂）。亟（恆）貞吉，不為蚉（尤—憂），

又（有）祟（祟）見（現）。吕（以）亓（其）古（故）敓（說）之，吕（以）
亓（其）又（有）寿（前）禍（禱），因亓（其）僉（禽），而罷禍（禱）安（焉），
袄（太）一样，壁（地）宝（主）、司命各一辟（殺），北方妣玉一環，句（苟）
思（使）產速瘳（瘥），遞〖3〗

【注釋】

〔1〕拒〈抿—腰〉，趙曉斌（2019）認為「抿」與「拒」兩者必有其一因形近而譌。
蘇建洲（2021）認為一種考慮是將「抿」讀為「腰」，「抿」是正字，「拒」是譌
字。另一種考慮是「捭（臂）、抿」應該也是位置相近的身體部位，則「抿」應
該是與「手」相關的身體部位。當以「拒」為正字，「抿」為譌字。「拒」可讀
為「胳」，或是讀為「肱」。衡量起來，當以前說讀為「腰」較為合適。

【白話譯文】

在「燕客臧之賓問王於葴郢之歲」這一年，遠夕之月丙午之日，巫公為產貞問，
筮卜：因為他肩背、臂腰、胸脅疼痛的緣故，希望不要成為憂戚。長久來看吉利，不
會成為憂戚，有鬼神邪祟出現。因為這個緣故進行「說」，因為前面已經有祭禱，因襲
之前的禽牲，進行罷禱，太一隻样，地主、司命各一隻殺，北方妣玉一環，如果使產
快速病癒，遞……

【釋文】

告又大神飤袄（太）〔1〕：郢（鄲—燕）客臧（臧）之賓聞（問）王於葴郢
之歲（歲），育=（育月），婊〔2〕吕（以）亓（其）又（有）疾之古（故），戀
（彎）逆（失）篜（筮）之，又（有）祟（祟）見（現）於君之所。含（今）
日己酉音=（之日），產吕（以）簹（志）亓（其）飤（食）之甶（幾）〔3〕，肥
豨（豢）〖4〗

【注釋】

〔1〕告又大神飤太，「飤太」，神名，「告又大神飤太」之後的內容有可能是賽禱時
祝告飤太的內容。

〔2〕婊，趙曉斌（2019）認為可能是墓主產家中的女眚。

〔3〕產吕（以）簹（志）亓（其）飤（食）之甶（幾），趙曉斌（2019）認為「簹」
讀為「志」，是記錄之意。今按：「簹（志）」或可解釋為「蔽志」之「志」。

【白話譯文】

祝告大神飤太：在「燕客臧之賓問王於葴郢之歲」這一年，宣月，嬡因為他有疾病的緣故，孌失為他筮卜，有鬼神邪祟出現在君的住所，今天己酉之日，產斷志擬定（進獻）食物的日期，肥豢……

【釋文】

告又大神又（有）皇〔1〕：產呂（以）亓（其）又（有）瘖（病）之者（故），箮（筮）之，見（現），產牆（將）臭（擇）良月良日，牆（將）賽亓（其）一牂之褶（禱），司命、土宝（主）〔2〕牆（將）賽亓（其）褶（禱）各一羿（殺）〖5〗

【注釋】

〔1〕又（有）皇，趙曉斌（2019）認為應即2、3號簡中的「衸」。今按：「有皇」與「太」應為不同的神祇。

〔2〕土宝（主），應即埅（地）宝（主）。

【白話譯文】

祝告大神有皇：產因為他有疾病的緣故，為他筮卜，有鬼神邪祟出現，產將選擇好月份中的好日子，將賽禱他一隻牂，司命、地主將賽禱各一隻殺……

【釋文】

告又北方：產呂（以）亓（其）又（有）瘖（病）之者（故），箮（筮）之，見（現），產牆（將）臭（擇）良月良日，牆（將）忥（祈）褶〔1〕亓（其）一玭鐶（環）〔2〕。〖6〗

【注釋】

〔1〕褶，趙曉斌（2019）釋為「襈」。今按：字形作▨，應隸定為「褶」，「祈褶」意義與卜筮祭禱簡中常見的「祈福」類似。

〔2〕玭鐶（環），宋華強（2010）疑新蔡葛陵楚簡「玭」當讀為「珧」，「玭玉」疑指以蜃甲為飾之玉。今按：「玭環」應指以蜃甲為飾的玉環。

【白話譯文】

祝告北方：產因為他有疾病的緣故，為他筮卜，有鬼神邪祟出現，產將選擇好月份中的好日子，將用一玭環祈禱他……

【釋文】

曾臣〔1〕產敢告北方：呂（以）亓（其）室之又（有）疾之古（故），墮（陳）目箮（筮）之，又（有）祭（祟）見（現），呂（以）亓（其）未可呂（以）禱（禱），箫（蔽）〔2〕，備（佩）玉一環，牆（將）至秋三月，莝（擇）良日而賽之。〖7〗

【注釋】

〔1〕曾臣，自稱的謙辭。

〔2〕箫（蔽），蘇建洲（2021）認為這裡的「箫」顯然也是蔽志之「蔽」，針對「所得的祟」擬定祭禱實施方案「佩玉一環」。

【白話譯文】

下臣產斗膽祝告北方：因為家中有疾病的緣故，陳目為他筮卜，有鬼神邪祟出現，因為不可以祭禱，蔽志擬定用佩玉一環，等到秋三月，選擇好日子賽禱。

【釋文】

秦客……疾……至冬夕（夕）育=（之月），牆（將）速賽亓（其）箏（志）命〔1〕。〖8〗

【注釋】

〔1〕牆（將）速賽亓（其）箏（志）命，趙曉斌（2019）認為「志命」意為記錄下來的命令，「賽其志命」猶如今人所說的「還願」。今按：「箏（志）命」或可理解為「蔽志之所命」。

【白話譯文】

秦客……疾……到冬夕之月，將快速報賽蔽志之所命（的內容）。

【釋文】

四〔1〕〖殘簡背〗

【注釋】

〔1〕趙曉斌（2019）指出未編號的殘簡，殘長16.4釐米，寬0.6釐米，可能為第5或6號簡下端所殘缺者，簡背有一削凹處寫1個字。

【白話譯文】

四……

九、熊家灣 M43 號墓卜筮祭禱簡

【釋文】

郿（魏）客南公□迻（蹠）楚之歲（歲），獻馬肯=（之月），鞏為娌〔1〕貞，娌既〔2〕……□□□占……繁（祟）〔3〕見（現）於二天子。因㠯（以）亓（其）古（故）〖1〗敚（說）之，句（苟）思（使）娌之疾速瘥（瘥），罩（擇）良日䜴於二天子各備（佩）……備（佩）〔4〕、夬（玦）。占之：吉。〖2〗

【注釋】

〔1〕娌，墓主名。

〔2〕既，此字字形作▨▨，從殘存筆畫看，應是「既」字。

〔3〕繁（祟），趙曉斌（2019）釋為「煩（戚）」。今按：此字字形作▨，應是「繁」字，讀為「祟」，卜筮祭禱簡中常見「祟見於 XX」的說法。

〔4〕備（佩），趙曉斌（2019）認為從殘存筆畫看，似「睘（環）」字。今按：此字字形作▨，應是「備（佩）」字。

【白話譯文】

在「魏客南公□蹠楚之歲」這一年，獻馬之月，鞏為娌貞問，娌……□□□占卜……因為二天子而有憂戚出現。所以因為這個緣故進行「說」，如果使娌的疾病快速病癒，選擇好日子進獻二天子各□佩玉……環、玉玦。占卜後視兆：吉利。

【釋文】

盬（鹽）訓占之曰：吉。□▭▭䜴月壬午之日禱之。〖14+28〗

【白話譯文】

鹽訓占卜後視兆說：吉利。䜴月壬午之日祭禱。

十、彭家灣 M183、M264 號墓卜筮祭禱簡

（一）彭家灣 M183 號墓楚簡

【釋文】

宋客左帀（師）唐迻（蹠）楚之歲（歲）〔1〕，分=（八月）辛亥之日，賣㠯（以）大䈞（筮）為娥〔2〕三月之貞：既㠯（以）亓（其）又（有）疾，尚毋又（有）咎。賣占之：亙（恆）貞吉，無咎，又（有）祗（祟）。㠯（以）亓（其）古（故）祗（說）之，死（恆）斉（祈）禀（福）〔3〕，墾（舉）禭（禱）

龏（集）歪（定）君〔4〕〖1〗，訓（順）至新（親）父葳辻尹〔5〕各犖（特）
猎（狙），酉（酒）飲，句（苟）由（思—使）娥之疾速瘳（瘥），㕛（幾）审
（中）賽之。賣占之：甚吉。既與（舉）禱之。〖2〗

【注釋】

〔1〕宋客左師虘蹠楚之歲，趙曉斌（2022）認為此大事紀年於天星觀楚簡中作「左
師虘聘於楚之歲」。

〔2〕娥，墓主，又寫作「娥也」、「砢也」。

〔3〕祈福，《墨子・天志》「而求祈福於天」、《呂氏春秋・順民》「用祈福於上帝」。

〔4〕集定君，娥的先祖。

〔5〕親父葳辻尹，娥的父親為葳地的辻尹。

【白話譯文】

在「宋客左師虘蹠楚之歲」這一年，八月辛亥之日，賣用大筮為娥進行三月貞：
她已經有疾病，希望不要有災禍。賣占卜後視兆：長久來看吉利，沒有災禍，有鬼神
邪祟。因為這個緣故進行「說」，長久祈福，舉禱集定君，延至父親葳辻尹各一隻狙，
以酒獻之。如果使娥的疾病快速病癒，在所貞問的這一段時間裡進行賽禱。賣占卜後
視兆：十分吉利。已經進行舉禱。

【釋文】

齊客𥝦（祝）窆𣪠（問）王於葳郢之歲（歲）〔1〕，新𦞚=（九月）〔2〕，庚
戌音=（之日），𧥔（義）眉已（以）𩍿聇（繹）為娥貞：已（以）亓（其）
瘥（瘥）〔3〕虞（且）心𢝨（悁—悶），尚毋（毋）𠨮（死）。占之：吉，不𠨮（死），
疾牆（將）或（又）复（作），又（有）𥛣（祟）見（現）於三禩（世）王父，
訓（順）及〖3〗新（親）父。已（以）亓（其）古（故）罷𥛬（禱）各犖=
（犖—特牛），酉（酒）飲。占之：吉。〖4〗

【注釋】

〔1〕齊客祝窆問王於葳郢之歲，又作「齊客祝窆蹠楚之歲」。

〔2〕新九月，趙曉斌（2022）認為可能就是閏九月。

〔3〕瘥（瘥），還見於望山1號墓13號簡，指生病。

【白話譯文】

在「齊客祝窆問王於葳郢之歲」這一年，閏九月庚戌之日，義眉用𩍿繹為娥貞問：

她生病了，並且心悶，希望不要死。占卜後視兆：吉利，不會死，疾病將又要發作，有鬼神邪祟出現，是三世祖輩，延至父親。因為這個緣故罷禱他們各一隻牛，以酒獻之。占卜後視兆：吉利。〖4〗

【釋文】

獻馬肙（之月）癸巳音=（之日），䣙（義）㞷吕（以）㕘（駁）龗（靈）為妸（娥）也貞：吕（以）亓（其）心悹（悗—悶）、腹疾之古（故），尚母（毋）伆（死）。占之：吉，又（有）祭（祟）見（現）於新（親）咎（舅）與新（親）故（姑）〔1〕，吕（以）亓（其）古（故）遷（迻）亓（其）禱。占之：吉。〖5〗

【注釋】

〔1〕親舅與親姑，《爾雅・釋親》：「婦稱夫之父曰舅，稱夫之母曰姑。」

【白話譯文】

獻馬之月癸巳之日，義㞷用駁靈為娥也貞問：因為她心悶、腹疼的緣故，希望不要死。占卜後視兆：吉利，有鬼神邪祟出現，是公婆，因為這個緣故移用（以前）對他們的祭禱。占卜後視兆：吉利。

【釋文】

齊客𥘅（祝）篓迈（蹠）楚之戢（歲），䢵（遠）栾（夕）肙=（之月）𠔃（丙）唇（辰）音=（之日），我（義）㞷吕（以）憠（臧）龗（靈）為娥也貞：吕（以）亓（其）腹心之疾，尚母（毋）伆（死）。占之：吉，又（有）祭（祟）見（現）於娥之新（親）父、新（親）母，與亓（其）厶蘽（厲）〔1〕，與𡠓（溺）者。以亓（其）古（故）敓（說）之，罜（擇）良日於菅（春）三月，𩰫（禱）〖6〗於亓（其）新（親）父、新（親）母肥殺〔2〕，酉（酒）飤=（飤，飤）蘽（厲），解於𡠓（溺）者。㦤（義）㞷占之：吉。〖7〗

【注釋】

〔1〕厶蘽（厲），可能與厲鬼有關。

〔2〕肥殺，卜筮祭禱簡中還有「肥冢」、「肥狃」、「肥豢」等祭品。

【白話譯文】

在「齊客祝篓問王於葳郢之歲」這一年，遠夕之月丙辰之日，義㞷用憠靈為娥也貞問：因為她腹心疼痛，希望不要死。占卜後視兆：吉利，有鬼神邪祟出現，是娥的

父母公婆，還有她的厶屬，還有溺水者。因為這個緣故進行「說」，選擇春三月中的好日子祭禱父母肥殺，以酒獻之，給厲食物，解除溺水者（帶來的憂患）。義屌占卜後視兆：吉利。

【釋文】

齊客祝窆齰（問）王於葴郢之歲（歲），遠粱（夕）之月酉（丙）昏（辰）之日，義屌呂（以）長黿（靈）為娥貞：既又（有）腹心之疾，從遠粱（夕）之月呂（以）還（就）頤（夏）戻（夷），三月台（幾）〖8〗中尚毋又（有）大咎。占之：丕（恆）貞吉，少（稍）巳（遲）瘥（瘥），思（懼）或（又）瘇（瘇—續）。呂（以）亓（其）古（故）絲（說）之，毋出台（幾）中，賽禮（禱）彙（集）正（定）君、葴辷尹各戠（特）猾（狙）、酉（酒）飤。占之：吉。〖9〗

【白話譯文】

在「齊客祝窆問王於葴郢之歲」這一年，遠夕之月丙辰之日，義屌用長靈為娥貞問：已經腹心疼痛，從遠夕之月到夏夷，三個月之中希望不要有大災禍。占卜後視兆：長久來看吉利，稍微遲緩病癒，擔心疾病又持續。因為這個緣故進行「說」，不要超出在所貞問的這一段時間，賽禱集定君、葴辷尹各一只狙，以酒獻之。占卜後視兆：吉利。

【釋文】

齊客卲（祝）窆迺（蹕）楚之歲（歲），贐（遠）粱（夕）育＝（之月）酉（丙）昏（辰）育＝（之日），軋（范）腹（獲）之（志）呂（以）相豪（家）為娥也貞：既又（有）腹心之疾，三月台（幾）中尚毋又（有）大咎。占之：丕（恆）貞，無咎，少（稍）又（有）瘇（瘇—續），巳（遲）瘥（瘥）。呂（以）亓（其）古（故）敚（說）〖10〗之，遝（迻）䜌（許）糙之綮（說），毋出台（幾）中，賽禮（禱）犬（太）一牂，戻（侯—后）土、司命各一翔（殺），大水一牂。占之：吉，賽禮（禱）彙（集）戚（莊）君〔1〕戠（特）猾（狙）、酉（酒）飤，剺（解）黎（溺）人。〖11〗

【注釋】

〔1〕集莊君，娥的先祖之一。

【白話譯文】

在「齊客祝窆問王於葴郢之歲」這一年，遠夕之月丙辰之日，范獲志用相家為娥

也貞問：已經腹心疼痛，三個月之中希望不要有災禍。占卜後視兆：長久來看吉利，沒有災禍，疾病稍微有持續，遲緩病癒。因為這個緣故進行「說」，移用許糧的「說」，不要超出在所貞問的這一段時間，賽禱太一隻羊，后土、司命各一隻羖，大水一隻羊。占卜後視兆：吉利，賽禱集莊君一隻狙、以酒獻之，解除溺人（帶來的憂患）。

【釋文】

思（懼）又（有）佗（它）所鼃（戚）﹝1﹞。已（以）亓（其）古（故）敚（說）之，譽（舉）禱（禱）於大（太）一羊，厌（侯—后）土、司命各一羖（羖），譽（舉）禱（禱）於大水一羊。〖12〗

【注釋】

﹝1﹞鼃，天星觀 25 號簡有「小又慼」，「慼」讀為「戚」，本簡「鼃」亦讀為「戚」。

【白話譯文】

擔心有其它的憂戚。因為這個緣故進行「說」，舉禱太一隻羊，后土、司命各一隻羖，舉禱大水一隻羊。

（二）彭家灣 M264 號墓楚簡

【釋文】

覍（爨）月壬寅音=（之日），真卜筶（筮）為色﹝1﹞貞：叚蟸﹝2﹞之三殜（世）王父為色祟。褆（禱）三殜（世）王父……酉（酒）飤，速禡（瘥），牁（將）速賽之。

【注釋】

﹝1﹞色，彭家灣 264 號墓墓主名。

﹝2﹞叚蟸，趙曉斌（2022）認為似指某種災害。

【白話譯文】

爨月壬寅之日，真用卜筮為色貞問：叚蟸的三世祖輩對色作祟。祭禱三世祖輩……以酒獻之，快速病癒，將快速賽禱他。

參、湖北出土楚國卜筮祭禱簡英譯

I. Baoshan M2 Divination and Sacrifice Records

In the year the Song envoy Sheng Gong Bian paid a diplomatic visit to Chu (318 BCE), in the *jingyi* (1ˢᵗ) month, on the *yiwei* (32ⁿᵈ) day, Gu Ji used Protecting-the-Household [turtle shells] to determine (*zhen*) on behalf of Administrator on the Left (Zuo Yin), [Zhao] Tuo: "From [this] *jingyi* month to the [next] *jingyi* month [in the following year], [as he] leaves and enters [the court] to serve the king, throughout the remainder of the year, may his person suffer no calamity." Prognosticating (*zhan*) it: "The general determination is auspicious. There is some concern 〖197〗 about his person; moreover, the intended affair will be a little slow to accomplish." For this reason, propitiatethem. ▭▭ Perform an exorcism to release [Zhao Tuo] from [the baleful influence of] Human Yu (?). Prognosticating it: "Very auspicious. Within the period [under determination] there will be joy." 〖198〗

In the year the Song envoy Sheng Gong Bian paid a diplomatic visit to Chu (318 BCE), in the *Jingyi* (1ˢᵗ) month, on the *yiwei* (32ⁿᵈ) day, Shi Pishang used Instructing Turtle [shells] to determine on behalf of Administrator on the Left, Tuo: "From [this] *jingyi* month to the [next] *jingyi* month [in the following year], throughout the remainder of the year, may his person suffer no calamity." Prognosticating it: "The general determination is auspicious. For a short time there is some concern about his person 〖199〗, and the intended affair will be slow to accomplish." For this reason, propitiate them. Perform a *yi* prayer to King Zhao [of

Chu, r. 515-489 BCE], [pledging] a solitary ox, and presenting him food offerings. Perform a *yi* prayer to the Cultivated Lord of Pingye; Governor of Wu, Zi Chun; Minister of War, Zi Yin; and Governor of Cai, Zi Jia, [pledging] each a solitary hog, and feeding [them] fermented wine. Perform a *yi* prayer to the Lady, [pledging] a solitary pig. [If] the intended affair is speedily accomplished, promptly perform a requital [sacrifice] to them all [with the pledged offerings]. Prognosticating it: "Auspicious. In the *xiangyue* (2nd) [month] or *xiaxi* (3rd) [month] there will be joy." 〖200〗

In the year the Song envoy Sheng Gong Bian paid a diplomatic visit to Chu (318 BCE), in the *jingyi* (1st) month, on the *yiwei* (32nd) day, Ying Hui used Fine Yarrow [stalks] to determine on behalf of the Honorable Administrator on the Left, Tuo: "From [this] *jingyi* month to the [next] *jingyi* month [in the following year], throughout the remainder of the year, may his person suffer no calamity." Prognosticating it: "The general determination is auspicious. There is some concern 〖201〗 about his person; moreover, [promotion to the desired] noble rank will be slow to transpire." For this reason, propitiate them. Perform a *ju* prayer to the Residential Master of Land, [pledging] one black ram. [Pledge] a temple-consecration sacrifice to [Zhao Tuo's] father, Governor of Cai, Zi Jia, with a solitary pig, feeding [him] fermented wine and presenting him food offerings; [pledge] a temple-consecration sacrifice <to> [Zhao Tuo's] mother, with a plump boar, feeding [her] fermented wine. Perform a *ju* prayer to the Lian Chief 〖202r〗 of Dongling [an uncle of Zhao Tuo named Zi Fa], [pledging] a plump boar, feeding [him] fermented wine. Follow (*ju*) [partially] the propitiation [proposed by] Shi Pishang: perform a *yi* prayer to King Zhao, [pledging] a solitary ox, and presenting him food offerings; perform a *yi* prayer to the Cultivated Lord of Pingye; Governor of Wu, Zi Chun; Minister of War, Zi Yin; and Governor of Cai, Zi Jia, [pledging] a solitary hog to each, and feeding [them] fermented wine; and to the Lady 〖203〗, [pledging] a solitary pig, and feeding [her] fermented wine. ⬚ Ying Hui prognosticated it, saying: "Auspicious. By the *jiuyue* (6th) [month], [there will be] joy, and the [desired] noble rank [will be obtained]." ⬚ In every case, the proposed propitiation has already been completely addressed 〖204〗. ⬚

[The consecration sacrifice to Zhao Tuo's] father has been completed. [The consecration sacrifice to Zhao Tuo's] mother has been completed. 〖202v〗

In the year the Eastern Zhou envoy Xu Ying delivered sacrificial meat to Qi Ying (317 BCE), in the *xiayi* (4th) month, on the *yichou* (2nd) day, Wu Sheng used Bamboo Sticks to determine on behalf of Administrator on the Left, Tuo: "[As he] leaves and enters[the court] to serve the king, from [this] *xiayi* month to the [next] *xiayi* month in one year, throughout the entire year 〖209〗, may his person suffer no calamity." Prognosticating it: "The general determination is auspicious. There is some concern about his person and [his] residence; moreover, for a short time, there will be adversity." For this reason, propitiate them. Perform a *ju* prayer to the Eclipsed Grandness, [pledging] one whole hog. Perform a *ju* prayer to the God of Soil, [pledging] one whole pig. Perform a *ju* prayer to the Spirit of Roads, [pledging] one white dog, and feeding [the Spirit of Roads] fermented wine. Address (*yi*) [partially] the propitiation [proposed by] Ying Hui: perform a requital sacrifice to the Lian Chief of Dongling 〖210〗, [using] one boar, and feeding [the Lian Chief of Dongling] fermented wine, in a wormwood-burning sacrifice. Perform an exorcism to release [Zhao Tuo] from [the baleful influences of] the Spirit of Covenants and the Spirit of Curses; moreover, eliminate [the baleful influence in his] residence. Wu Sheng prognosticated it, saying: "Auspicious."

For three year there will be no calamity. There will be great joy and the [entire] state will know about him. 〖211〗

In the year the Eastern Zhou envoy Xu Ying brought sacrificial meat to Qi Ying (317 BCE), in the *xiayi* (4th) month, on the *yichou* (2nd) day, Gu Ji used Protecting-the-Household [turtle shells] to determine on behalf of Administrator on the Left, Tuo: "[As he] leaves and enters [the court] to serve the king, from [this] *xiayi* month to the [next] *xiayi* month in one year, throughout the entire 〖212〗 year, may his person suffer no calamity." Prognosticating it: "The general determination is auspicious. There is some unpleasantness in [dealing with] the king's affairs; moreover, there is concern about his person." For this reason, propitiate them, and address the previous [proposed] propitiations. Perform a requital sacrifice to the Eclipsed Grandness, using one circular jade pendant; to the Sovereign of Earth, the Overseer of

Lifespan, and the Overseer of Misfortune, using one small jade circlet for each; to the Spirit of Great Waters, using one circular jade pendant; to the Two Children-of-Heaven 〖213〗, using one small jade circlet for each; to the Spirit of Mount Wei, using one piece of knob-shaped jade. Address [partially] the propitiation [proposed] by Ying Hui: Perform a requital sacrifice to the Residential Sovereign of Land, using one black ram. Address [partially] the propitiation [proposed] by Shi Pishang: When the third autumn month comes, perform a requital sacrifice to the Cultivated Lord of Pingye; Governor of Wu, Zi Chun; Minister of War, Zi Yin; and Governor of Cai, Zi Jia, using a solitary hog for each, and presenting them with food offerings; perform a requital sacrifice to [Zhao Tuo's] mother 〖214〗, using a solitary pig, and presenting her food offerings. Gu Ji prognosticated it, saying: "Auspicious." ⬛⬛⬛⬛ [The requital sacrifices to] the Grandness, the Sovereign of Earth, the Overseer of Lifespan, the Overseer of Misfortune, the Spirit of Great Waters, the Two Children-of-Heaven, and the Spirit of Mount Wei all have already been completed. ⬛⬛⬛⬛ Within the period [under determination] there will be joy. 〖215〗

In the year the Eastern Zhou envoy Xu Ying brought sacrificial meat to Qi Ying (317 BCE), in the *xiayi* (4th) month, on the *yichou* (2nd) day, Ke Jia used Long Stem [stalks] to determine on behalf of Administrator on the Left, Tuo: "[As he] leaves and enters [the court] to serve the king, from [this] *xiayi* month to the [next] *xiayi* month in one year, throughout the entire 〖216〗 year, may his person suffer no calamity." Prognosticating it: "The general determination is auspicious. There is some concern about his person; moreover, for a short time there will be adversity." For this reason, propitiate them. Perform a *ju* prayer to the Chu forebears: Old Child (Lao Tong), Invocator of Fire (Zhu Rong), and Birthing Bear (?) (Yu Xiong), [pledging] one ewe to each. Perform an exorcism to release [Zhao Tuo] from [the baleful influence] of the Innocent Dead. Ke Jia prognosticated it, saying: "Auspicious." 〖217〗

In the year the Eastern Zhou envoy Xu Ying brought sacrificial meat to Qi Ying (317 BCE), in the *cuanyue* (8th) month, on the *jiyou* (46th) day, Xu Ji used Protecting-the-Household [turtle shells] to determine on behalf of Administrator on the Left, Zhao Tuo: "[Zhao Tuo] has a below-the-heart (stomach) malady and shortness of breath." [Prognosticating it:] "The general determination is auspicious. On the *jiayin* (51st) day [he] will recover well from [his] illness, but there are baleful influences: the Grandness [is] manifesting in the tiger-shaped jade." For this reason, propitiate them. Avoid the tiger-shaped jade, and select a good month and a good day to send it off ⟦218⟧ .Moreover, wrap jade pendants for the *wu*-shaman and promptly let the *wu*-shaman deal with them. Perform a satiating [sacrifice] to the Master of Land, using one black ram. Perform a requital sacrifice to the Spirit of Roads, using one white dog. Send caps and sashes to the Two Children-of-Heaven. On the *jiayin* (51st) day, stay at Zhiyang. ⟦219⟧

In the year the Eastern Zhou envoy Xu Ying brought sacrificial meat to Qi Ying (317 BCE), in the *cuanyue* (8th) month, on the *jiyou* (46th) day, Ke Guang used Long Stem [stalks] to determine on behalf of Administrator on the Left, Zhao Tuo: "[Zhao Tuo] has a below-the-heart (stomach) malady and shortness of breath." [Prognosticating it:] "The general determination is auspicious. On a *geng* [day] or a *xin* [day] there will be improvement, and [he] will quickly recover from [his] illness. Do not stay at Zhiyang. The same baleful influences [have been identified]." ⟦220⟧

In the year the Eastern Zhou envoy Xu Ying brought sacrificial meat to Qi Ying (317 BCE), in the *cuanyue* (8th) month, on the *jiyou* (46th) day, Nong Qiang used Small Treasure [turtle shells] to determine on behalf of Administrator on the Left, Zhao Tuo: "[Zhao Tuo] is already ill. The illness is a heart malady. [He has] shortness of breath and is not eating. During the period of the *cuanyue*, may he suffer no distress." ⟦221⟧ Nong Qiang prognosticated it: "The general determination is auspicious. There are baleful influences manifesting in [Zhao Tuo's] grandfather and the Premature Dead." For this reason, propitiate them. Perform a *ju* prayer [to Zhao Tuo's grandfather], [pledging] a solitary ox, and presenting him food offerings. For the Premature Dead, use their regular sacrificial animal. Nong Qiang prognosticated it, saying: "Auspicious." ⟦222⟧

Following (*xi*) this, Qu Yi used Crimson Bamboo [stalks] to determine on behalf of Administrator on the Left, Zhao Tuo: "[Zhao Tuo] is already ill. The illness is a heart malady. [He has] shortness of breath and is not eating. May he suffer no distress." Prognosticating it: "The general determination is auspicious. There are baleful influences manifesting." Follow the propitiation [proposed] by Gong Qiang. Qu Yi prognosticated it, saying: "Auspicious." 〖223〗

In the year the Eastern Zhou envoy Xu Ying brought sacrificial meat to Qi Ying (317 BCE), in the *cuanyue* (8th) month, on the *bingchen* (53rd) day, the exorcist functionaries of the Administrator of Works (Gong Yin), Xia Ju and Wei Yan, on behalf of the Honorable Administrator on the Left, [Zhao] Tuo, performed a *ju* prayer to [Zhao Tuo's] grandfather, Minister of War, Zi Yin, using a solitary ox, and presenting him food offerings. Zhuang Gan presided over the place [during the prayer, on behalf of Zhao Tuo], and after the prayer, reported back [to Zhao Tuo]. 〖224〗

In the year the Eastern Zhou envoy Xu Ying brought sacrificial meat [to] Qi Ying (317 BCE), in the *cuanyue* (8th) month, on the *bingchen* (53rd) day, the exorcist functionaries of the Administrator of Works (Gong Yin), Xia Ju and Wei Yan, on behalf of the Honorable Administrator on the Left, [Zhao] Tuo, performed a *ju* prayer to the Premature Dead, Lian Chief of Dongling, Zi Fa, using one plump boar in a wormwood-burning sacrifice to him. Zhuang Gan presided over the place [during the prayer, on behalf of Zhao Tuo], and after the prayer, reported back [to Zhao Tuo]. 〖225〗

In the year the Eastern <Zhou> envoy Xu Ying brought sacrificial meat to Qi Ying (317 BCE), in the *dongxi* (10th) month, on the *guichou* (50th) day, a *yi* prayer was performed to King Zhao, [using] a solitary ox and the grand [sacrificial] stew (?), and presenting him food offerings. Zhao Ji presided over the place [during the prayer, on behalf of Zhao Tuo], and after the prayer, delivered the blessed [sacrificial meat to Zhao Tuo]. 〖205〗

In the year the Eastern Zhou envoy Xu Ying brought sacrificial meat to Qi Ying (317 BCE), in the *dongxi* (10th) month, on the *guichou* (50th) day, a *yi* prayer was performed to the Cultivated Lord of Pingye; Governor of Wu, Zi Chun; Minister of War, Zi Yin; and Governor of Cai, Zi Jia, [using] a solitary hog for each, and presenting them food offerings. Zhao Ji presided over the place [during the prayer on behalf of Zhao Tuo], and after the prayer, delivered the blessed [sacrificial meat to Zhao Tuo]. 〖206〗

In the year the Eastern <Zhou> envoy Xu Ying brought sacrificial meat to Qi Ying (317 BCE), in the *yuanxi* (12th) month, on the *guimao* (40th) day, Ke Guang used Long Stem [stalks] to determine on behalf of Administrator on the Right <Left> (You<Zuo> Yin), Zhao Tuo: "[Zhao Tuo] is ill with an abdominal malady. Since [he has] shortness of breath, may he suffer no calamity." Prognosticating it: "The determination is auspicious. In a short time, [the illness] will not yet come to an end." For this reason, propitiate them. Perform a satiating [sacrifice] to the Outlying Master of Land with one black ram; and to the Residential Master of Land with one black ram. 〖207〗 Perform a requital [sacrifice] to the Spirit of Roads with one white dog, feeding [the Spirit of Roads] fermented wine. Prognosticating it: "Auspicious. In the *jingyi* (1st) month [of next year] there will be an audience with the king." 〖208〗

In the year Grand Minister of War Dao Hua led the Chu state troops to rescue Fu (Ba?) (316 BCE), in the *Jingyi* (1st) month, on the *jimao* (16th) day, Gu Ji used Protecting-the-Household [turtle shells] to determine on behalf of Administrator on the Left, Tuo: "[As he] leaves and enters [the court] to serve the king, from [this] *jingyi* month to the [next] *jingyi* month in one year, throughout the entire year, may his person suffer no calamity." Prognosticating it: "The general determination is auspicious. There is some 〖226〗 concern about his person." For this reason, propitiate them. Perform a *ju* prayer to the Eclipsed Grandness, [pledging] one whole hog. Perform a *ju* prayer to the elder and younger brothers [of Zhao Tuo] who [died] without an heir: Zhao Liang, Zhao Cheng, and Governor of Xianluo (?), [pledging] one boar to each, and feeding [them] fermented wine, in a wormwood-burning sacrifice. Gu Ji prognosticated it, saying: "Auspicious." 〖227〗

In the year Grand Minister of War Dao Hua led the Chu state troops to rescue Fu (316 BCE), in the *Jingyi* (1st) month, on the *jimao* (16th) day, Chen Yi used Reverent Bamboo Strips to determine on behalf of Administrator on the Left, Tuo: "[As he] leaves and enters [the court] to serve the king, from [this] *jingyi* month to the [next] *jingyi* month in one year, throughout the entire year, may his person suffer no calamity." 〖228〗 Prognosticating it: "The general determination is auspicious. There is some concern about his residence." For this reason, propitiate them. Perform a *ju* prayer to the Residential Spirit of Roads, [pledging] one white dog, and feeding [the Residential Spirit of Roads] fermented wine. Perform an exorcism to eliminate [the baleful influence in] his residence. Wu Sheng prognosticated it, saying: "Auspicious." 〖229〗

In the year Grand Minister of War Dao Hua led the Chu state troops to rescue Fu (316 BCE), in the *Jingyi* (1ˢᵗ) month, on the *jimao* (16ᵗʰ) day, Guan Peng used Long Numinous [turtle shells] to determine on behalf of Administrator on the Left, Tuo: "[As he] leaves and enters [the court] to serve the king, from [this] *jingyi* month to the [next] *jingyi* month in one year, throughout the entire year, may his person suffer no calamity." 〖230〗 Prognosticating it: "The general determination is auspicious. There is some concern." For this reason, propitiate them. Make the exorcist invocator (Gong Zhu) send a jade pendant, a jade knob, a cap, and a sash to the Spirit of the South. Guan Peng prognosticated it, saying: "Auspicious." 〖231〗

In the year Grand Minister of War Dao Hua led the Chu state troops to rescue Fu (316 BCE), in the *Jingyi* (1ˢᵗ) month, on the *jimao* (16ᵗʰ) day, Wu Sheng used Bamboo Sticks to determine on behalf of Administrator on the Left, Tuo: "[As he] leaves and enters [the court] to serve the king, from [this] *jingyi* month to the [next] *jingyi* month in one year, throughout the entire year, may his person suffer no calamity." 〖232〗 Prognosticating it: "The general determination is auspicious. There is some concern about his residence. [His residence is] in ruins." For this reason, propitiate them. Perform a *ju* prayer to the Residential Sovereign of Earth, [pledging] one black ram. Perform a *ju* prayer to the Spirit of Roads, [pledging] one white dog, and feeding [the Spirit of Roads] fermented wine. Perform a dismemberment sacrifice to the Spirit of Great Gates, [using] one white dog. Wu Sheng prognosticated it, saying: "Auspicious." 〖233〗

In the year Grand Minister of War Dao Hua led the Chu state troops to rescue Fu (316 BCE), in the *jingyi* (1ˢᵗ) month, on the *jimao* (16ᵗʰ) day, Xu Ji used Multi-colored Numinous [turtle shells] to determine on behalf of Administrator on the Left, Tuo: "[As he] leaves and enters [the court] to serve the king, from [this] *jingyi* month to the [next] *jingyi* month in one year, throughout the entire year, may his person suffer no calamity." Xu Ji 〖234〗 prognosticated it: "Auspicious. There is no calamity and no baleful influence." 〖235〗

In the year Grand Minister of War Dao Hua led the Chu state troops to rescue Fu (316 BCE), in the *Jingyi* (1ˢᵗ) month, on the *jimao* (16ᵗʰ) day, Gu Ji used Protecting-the-Household [turtle shells] to determine on behalf of Administrator on the Left, Tuo: "[Zhao Tuo] already has maladies in his abdomen and heart. [Now he suffers] ascending (reflux?) breath and cannot pleasantly eat. For a long time [he] does not recover from [his maladies]. May he quickly recover from [his maladies] and have no inflictions." Prognosticating it: "The general determination is auspicious. It is difficult to recover from his maladies." For 〖236〗 this reason, propitiate them. Perform a *ju* prayer to the Grandness, [pledging] one wether; to the Sovereign of Earth and the Overseer of Lifespan, [pledging] one ewe to each. Perform a *ju* prayer to the Spirit of Great Waters, [pledging] one wether; to the Two Children-of-Heaven, [pledging] one ewe to each; to the Spirit of Mount Wei, [pledging] one black ram. Perform a *ju* prayer to the Chu forebears: Old Child (Lao Tong), Invocator of Fire (Zhu Rong), and Birthing Bear (?) (Yu Xiong), [pledging] two black rams to each. Entreat the Spirit of High Hill and the Spirit of Low Hill in Zhu with a sacrificial feast, each using one whole 〖237〗 hog. Make Administrator on the Left, Tuo, reside in the dwelling to which [he] is returning. Perform an exorcism to release [Zhao Tuo] from [the baleful influence of] the Sui (the Spirit Mirroring Jupiter). Gu Ji prognosticated it, saying: "Auspicious." 〖238〗

In the year Grand Minister of War Dao Hua led the Chu state troops to rescue Fu (316 BCE), in the *Jingyi* (1ˢᵗ) month, on the *jimao* (16ᵗʰ) day, Chen Yi used Reverent Bamboo Strips to determine on behalf of Administrator on the Left: "[Zhao Tuo] already has maladies in his abdomen and heart. [Now he suffers] ascending (reflux?) breath and cannot pleasantly eat. May he quickly recover from [his maladies] and have no inflictions." Prognosticating it: "The general determination is auspicious. His maladies 〖239〗 have changed and will continue. [He will have] a slow recovery." For this reason, propitiate them. Perform a *ju* prayer to the Spirits of the Five Mounts, [pledging] one ewe to each. Perform a *ju* prayer to King Zhao, [pledging] a solitary ox, and presenting him food offerings. Perform a *ju* prayer to the Cultivated Lord of Pingyu, Zi Liang; Governor of Wu, Zi Chun; Minister of War, Zi Yin; and Governor of Cai, Zi Jia, [pledging] a solitary hog to each 〖240〗, and presenting them food offerings. Perform an exorcism to release [Zhao Tuo] from [the baleful influences of] the Spirit of Curses and the Dead by Weapons. Follow [partially] the propitiation [proposed] by Gu Ji: Entreat the Spirit of High Hill and the Spirit of Low Hill in Zhu with a sacrificial feast, using one whole hog for each. Chen Yi prognosticated it, saying: "Auspicious." 【241】

In the year Grand Minister of War Dao Hua led the Chu state troops to rescue Fu (316 BCE), in the *Jingyi* (1st) month, on the *jimao* (16th) day, Guan Peng used Long Numinous [turtle shells] to determine on behalf of Administrator on the Left, Tuo: "[Zhao Tuo] already has maladies in his abdomen and heart. [Now he suffers] ascending (reflux?) breath and cannot pleasantly eat. For a long time [he] does not recover from [his maladies] 【242】. May he quickly recover [from his maladies] and have no inflictions." Prognosticating it: "The general determination is auspicious. [he] is slow to recover from [his] illness." For this reason, propitiate them. Follow the propitiation [proposed] by Gu Ji: Perform a *ju* prayer to the Grandness, [pledging] one wether; to the Sovereign of Earth and the Overseer of Lifespan, [pledging] each one ewe. Perform a *ju* prayer to the Spirit of Great Waters, [pledging] one wether; to the Two Children-of-Heaven, [pledging] one ewe to each; to the Spirit of Mount Wei, [pledging] one black ram. Perform a *ju* prayer to King Zhao, [pledging] a solitary ox and presenting him with food offerings. Perform a *ju* prayer to the Lian Chief of Dongling, [pledging] a boar, feeding him fermented wine, in a wormwood-burning sacrifice 【243】, and presenting him upper and lower garments, each in three pieces. Perform a *ju* prayer to the *Wu*-shaman, [pledging] one whole pig; moreover, setting up the protection [for the pig (?), and offering the pig (?)] in a *yu* manner (?). Guan Peng prognosticated it, saying: "Auspicious." 【244】

In the year Grand Minister of War Dao Hua led the Chu state troops to rescue Fu (316 BCE), in the *Jingyi* (1st) month, on the *jimao* (16th) day, Wu Sheng used Bamboo Sticks to determine on behalf of Administrator on the Left, Tuo: "[Zhao Tuo] already has maladies in his abdomen and heart. [Now he suffers] ascending (reflux?) breath and cannot pleasantly eat. May he quickly recover from [his maladies] and have no inflictions." Prognosticating it: "The general determination is auspicious. His maladies have changed. His illness is serious." 【245】 For this reason, propitiate them. Perform a *ju* prayer to the Jing kings, from Xiong Li to King Wu [of Chu, r. 741-690 BCE], [pledging] five oxen and five boars. Perform an exorcism to release [Zhao Tuo] from [the baleful influences] of the Floating and the Drowned People. Wu Sheng prognosticated it, saying: "Auspicious." 〖246〗

In the year Grand Minister of War Dao Hua led the Chu state troops to rescue Fu (316 BCE), in the *Jingyi* (1ˢᵗ) month, on the *jimao* (16ᵗʰ) day, Xu Ji used Multi-colored Numinous [turtle shells] to determine on behalf of Administrator on the Left, Tuo: "[Zhao Tuo] already has maladies in his abdomen and heart. [Now he suffers] ascending (reflux?) breath and cannot pleasantly eat. For a long time [he] does not recover from [his maladies]. May he quickly recover from [his maladies] and have no inflictions." Prognosticating it: "The general determination is auspicious. His illness will continue." For 〖247〗 this reason, propitiate them. Perform a *ju* prayer to the Spirit of Great Waters, [pledging] one pure-color horse. Perform a *ju* prayer to Governor of Wu, Zi Chun; Minister of War, Zi Yin; and Governor of Cai, Zi Jia, [pledging] a solitary hog to each, and presenting them food offerings. Perform a *ju* prayer to the God of Soil, [pledging] one pig. Perform an exorcism to release [Zhao Tuo] from [the baleful influences of] the Sun, the Moon, and the Innocent Dead. Xu Ji prognosticated it, saying: "Auspicious." 〖248〗

In the year Grand Minister of War Dao Hua led the Chu state troops to rescue Fu (316 BCE), in the *xiayi* (4ᵗʰ) month, on the *jihai* (36ᵗʰ) day, Guan Yi used Protecting-the-Household [turtle shells] to determine on behalf of Administrator on the Left, Zhao Tuo: "[Zhao Tuo] has severe illnesses. [He suffers] ascending (reflux?) breath. May he not die." [Guan] Yi Prognosticated it: "The general determination [is auspicious]. [He is] not dying. There are baleful influences manifesting in those who died without an heir and the cleaved wooden tablet (?) (Jian Mu Wei)." For this reason, propitiate them. Perform a *ju* prayer 〖249r〗 to those who died without an heir, [pledging] a plump pig to each, and presenting them with food offerings. Command [a ritual specialist] to perform an exorcism to release [Zhao Tuo] from [the baleful influence of] the cleaved wooden tablet (?); moreover, relocate its place and set it up [elsewhere (?)]. May it be auspicious. [Guan] Yi prognosticated it, saying: "Auspicious." 〖250〗

Do not know the name of the *zhou*-district. 〖249v〗

II. Wangshan M1 Divination and Sacrifice Records

In the year the Qi envoy Zhang Guo had an audience with [the king of Chu] in Qi Ying, in the *xianma* (9th) month, on the *yiyou* (22nd) day, Fan Huozhi used Grieving-the-household [turtle shells] to determine on behalf of Dao Gu: "[Dao Gu] already has chills…" 【1】

… in the *xianma* (9th) month, on the *yiyou* (22nd) day, Ke Qing… 【2】

…used [Small] Chips to determine on behalf of Dao Gu: "[Dao Gu] already…" 【3】

… in the *xianma* (9th) month, on the *yi* … 【4】

[In the year] the Fu (Ba?) envoy Kun Chu had an audience with the king [of Chu] in Qi [Ying]… 【5】

[In the year the Fu (Ba?) envoy] Kun [Chu] had an audience with the king [of Chu in Qi Ying], in the *[xia]yi* (2nd) month, on the *guihai* (60th) day … 【6】

[In the year the Fu (Ba?) envoy Kun] Chu had an audience with the king [of Chu in Qi Ying, in the *jingyi* (1st) month, on the *guiwei* (20th) day, Wei Bao used Assisting-the-Household [turtle shells]… 【7】

[In the year the Fu (Ba?) envoy Kun] Chu had an audience with the king [of Chu in] Qi Ying, in the *cuanyue* (8th) month, on the *guichou* (50th) day… 【8】

… in the *cuanyue* (8th) month, on the *bingchen* (53rd) day, Deng Cuo used Small Chips to determine on behalf of Dao Gu: "[Dao Gu] is already sick. He feels pressure in the heart and cannot eat. May he have no great worries." Prognosticating it: "The general 【9】 determination is auspicious. He will not…" 【53】

… in the *cuanyue* (8th) month, on the *dingsi* (54th) day, on behalf of Dao Gu, perform a *ju* prayer to King Jianda, [King] Sheng[huan of Chu]… 【10】

… on the *jiyou* (46th) day, Ke Chuang used X… 【11】

… on the *jiyou* (46th) day… 【12】

[Wei] Bao used Protecting-the-Household [turtle shells] to determine on behalf of Dao Gu: "[Dao Gu] is already sick. Because he feels pressure in the heart, he cannot again think about relocating. His body is exhausted…" 【13】

…used Protecting-the-Household [turtle shells] to determine on behalf of Dao Gu: "[As he] leaves and enters [the court] to serve the king…" 【14】

...used Protecting-the-Household [turtle shells] to determine on behalf of Dao Gu... 〖15〗

...household... 〖16〗

Wei Bao used Protecting-the-Quarters [turtle shells (?) stalks (?)] to determine on behalf of Dao Gu: "[Dao Gu] already feels pressure in the heart. He has congestions and frequently vomits (?). ..." 〖17〗

... Xu Tuo used Small... 〖18〗

...used Broad Stem [stalks] to [determine] on behalf of Dao Gu... 〖19〗

...on behalf of Dao Gu... 〖20〗

...to determine [On behalf of] Dao Gu... 〖21〗

...to determine: "[As he] runs around and throws himself into serving the king, since the Grand Master [Dao Gu] does not yet have the [desired] noble rank, may he speedily obtain a position." Prognosticating it: "Auspicious. He is going to obtain a position..." 〖22〗

"...does not yet have the [desired] noble rank, may he speedily obtain a position." Prognosticating it: "Auspicious. He is going to obtain a position. [There is] some..." 〖23〗

"... concern about his person and his residence. There are baleful influences." For this reason, propitiate them. 〖24〗

...*xia* [month] obtained a position... 〖25〗

[P]rognosticating it: "Auspicious. Within the period [under determination] there will be joy in the intended [affair]..." 〖26〗

...joy in the affairs... 〖27〗

...the intended affair. For this reason, propitiate them. Present [food offerings] and send one circular jade pendant to King Jianda [of Chu, r. 431-408 BCE]. Perform a *ju* prayer to the Residential Spirit of Roads, [pledging] one white dog, and feeding [the Residential Spirit of Roads] fermented wine... 〖28〗

...determine [on behalf of] Dao Gu: "[As he] leaves and enters [the court] to serve the king, from [this *jingyi* (1ˢᵗ) month]... 〖29〗 to the [next] *jing[yi]* [month] in one year..." 〖30〗

...[As he leaves and] enters [the court] to serve [the king]... 〖31〗

... king, from [this] *jingyi* (1ˢᵗ) month to... 〖32〗

...[this] *jingyi* (1ˢᵗ) monthto... 〖33〗

...to...in one year... 〖34〗

...determine [on behalf of Dao] Gu: "The general determination is [auspicious]..." 〖35〗

...determine on behalf of Dao Gu: "[Dao Gu] already [feels pressure] in the heart..." 〖36〗

... [he] cannot eat. He feels pressure in the heart and vomits. He has maladies in his chest and ribs. May he... 〖37〗

... [he] cannot eat. He feels pressure in the heart and frequently vomits. [He has] maladies in the bones of his feet... 〖38〗

"...[He] frequently vomits and has maladies in the bones of his feet. May he not die." Prognosticating it: "The general determination is auspicious. [He is] not dying..." 〖39〗

...since [he] is sick, may he suffer no great calamity for this reason." Prognosticating it: "The general determination is [auspicious]..." 〖40〗

...maladies in the head, may he not... 〖41〗

...maladies in the head... 〖42〗

...already has X, because... 〖43〗

"...speedily recover from [his maladies]. May he suffer no calamity for this reason." Prognosticating it... 〖44〗

[T]he general determination is auspicious. [He] will be a little slow to recover from [his] maladies. There are... 〖45〗

"...May he suffer no calamity." Prognosticating [it]... 〖46〗

"...[May] he not die." Prognosticating it... 〖47〗

"...die." Prognosticating it... 〖48〗

..."The general determination is auspicious. There are baleful influences manifesting." For this reason, propitiate them. ... 〖49〗

"...continue. There are baleful influences manifesting." Perform an appropriate (?) prayer to X... 〖50〗

"...not receiving the blessing." For this reason, do not propitiate them. ... 〖51〗

...it. Promptly follow [the use of] its [sacrificial] animals and pray to it. If [he] speedily recovers [from his illness], perform a requital sacrifice to 〖52〗 it. Guan X... 〖175〗

"Auspicious. [He is] not dying. There are baleful influences." For this reason, propitiate them. Perform a *ju* prayer to the Grandness, [pledging] one circular jade pendant; to the Sovereign of Earth and the Overseer of Lifespan, [pledging] one small circlet to each; to the Spirit of Great Waters, [pledging] one circular jade pendant. Wei Bao... 〖54〗

"Auspicious." [To] the Grandness, one ewe; [to] the Sovereign of Earth and the Overseer of Lifespan, one black ram for each; [to] the Spirit of Great Waters... 〖55A〗 one circlet. Perform a *ju* prayer to the Two [Children]-of-Heaven... 〖55B〗

Perform a *ju* prayer to the Grandness, [pledging] one circlet; to the Sovereign of Earth and the Overseer of [Lifespan]... 〖56〗

"Auspicious. Not..." 〖57〗

...die...there is... 〖58〗

"Auspicious. [He is] not dying..." 〖59〗

"...[He is] not dying. There are baleful influences"... 〖60〗

"There is no great calamity. [He] is slow to recover from [his] maladies. There are baleful influences." For this reason, propitiate them. Perform a requital [sacrifice]... 〖61〗

"...[The illness] will continue and [he] is slow to recover from [his illness]." For this reason, propitiate them. Perform a *ju* [prayer]... 〖62〗

"...[he] is a little slow to recover from [his illness]." For this reason, propitiate them. Follow the propitiation [proposed] by Wei Bao: Perform a *ju* [prayer]... 〖63〗

...slow to recover from [his illness]... 〖64〗

...recover from [his illness]. [The illness] will continue... 〖65〗

...Maladies. On a *bing* [day] or a *ding* [day] there will be improvement. On a *xin* [day] 〖66〗 [there will be] recovery.... 〖153〗

...On the *jiwei* (56th) [day] there will be improvement. On a *xin* [day] or a *ren* [day] there will be recovery... 〖67〗

...On a *yi* [day] or a *bing* [day there is] some... 〖68〗

…On a *ren* [day] or a *gui* [day] there is great improvement… 〖69〗

…begin to improve. On the *gengshen* (57th) [day]… 〖70〗

On the *guichou* (50th) [day] or the *jiayin* (51st)   [day] … 〖71〗

…*[xin]wei* (?) (8th?) [day] or *renshen* (9th) [day]… 〖72〗

"…calamity. There is some concern about…" 〖73〗

"…going to have concern about his person and…" 〖74〗

"There are concerns about his person and his residence; moreover…" 〖75〗

In the north there are baleful influences… 〖76〗

In the south there are baleful influences and the *wu*-shaman. The *wu*-Shaman manifesting… 〖77〗

…to the Malevolent Father (?), and [Dao Gu's] father, and the Innocent Dead, and the Spirit of Covenants and the Spirit of Curses, and X… 〖78〗

…the Grandness, and… 〖79〗

…because [Dao Gu's] father… 〖80〗

"…There are baleful influences." For this reason, propitiate them. Perform a *ju* [prayer]… 〖81〗

For this reason, propitiate them. Perform a requital sacrifice… 〖82〗

…Because of its… 〖83〗

…[For this] reason, propitiate… 〖84〗

… For this reason… 〖85〗

Propitiate *fei* (?) and sacrifice to X… 〖86〗

…X. For this reason, make a document… 〖87〗

Following this, Yin used Yellow Numinous [turtle shells] to [determine on behalf of Dao Gu], and [identified] the same baleful influences. King Sheng [of Chu, r. 407-402 BCE] and King Dao [of Chu, r. 401-381 BCE] already [received] the requital sacrifice… 〖88〗

On the *jiwei* (56th) day, perform a requital sacrifice to Wangsun Chao… 〖89〗

On the *yichou* (2nd) day, perform a requital sacrifice to the forebears… 〖90〗

… X. Following this, Guan Yi used Yellow Numinous [turtle shells] to [determine on behalf of Dao Gu]. Prognosticating 〖91〗 it: ["Auspicious"(?)] 〖100〗

"…it." Xu Tuo prognosticated it, saying: "Auspicious." 〖93〗

Wei Bao prognosticated it, saying: "Auspicious." 【94】

Xian prognosticated it, saying: "Auspicious." 【95】

"…die." Prognosticating it, saying: "Auspicious." ☐☐☐☐ Mountains and rivers… 【96】

X prognosticating it, saying: "Auspicious." ☐☐☐☐ May he speedily recover from [his illness]. 【97】

Prognosticating it, saying: "Auspicious." 【98】

Bao prognosticated… 【99】

Prognosticating it, saying: "Auspicious." 【101】

Prognosticating it, saying: "Auspicious." 【102】

[Prognosticating] it, saying: "Auspicious." 【103】

"Auspicious." 【104】

"Auspicious." X… 【105】

…send jade to King Jianda. On the *jisi* (6th) [day] fast indoors… 【106】

…pay homage and send jade to [King] Jian… 【107】

Perform a requital sacrifice to [King] Jianda… 【108】

[To] King Shenghuan and King Dao, one circular jade pendant for each; to Lord Dongshi, one circular jade pendant. Perform a requital sacrifice to the Residential Master of Land with one black ram. Guan X… 【109】

…[King] Sheng, King Dao, Lord Dongshi, a solitary ox for each, sacrificially presenting them food offerings. Promptly sacrifice to the Princess with a boar, feeding her fermented wine… 【110】

…King Sheng and King Dao already… 【111】

…[and] King [Daozhe], a solitary ox for each, presenting them with food offerings. Perform a *yi* prayer to [Dao Gu's] deceased father, Lord Dongshi, [pledging] a solitary ox, and presenting [him] food offerings… 【112】

…asking about a good 【159】 day in the *cuanyue* (8th) [month], present Lord Dongshi monthly food offerings. ☐☐☐☐ Offering a harvest-tasting sacrifice to the *wu*-shaman on the *jiaxu* (11th) [day]. ☐☐☐☐ Sacrifice… 【113】

…one small jade circlet. Perform a *ju* prayer to [Lord] Dongshi… 【114】

Make a document for Lord Dongshi. The God of Soil, the [Royal] Other Son (*beizi*), and the Spirit of Roads already [received] requital [sacrifice]... 〖115〗

...Lord of Qiling, [pledging (?)] a plump pig, and feeding [Lord of Qiling] fermented wine. Perform a *ju* prayer to the [Royal] Other Son (*beizi*), [pledging] a plump hog, and feeding him fermented wine. If [Dao Gu] speedily recovers from [his illness], perform a requital [sacrifice] to them... 〖116〗

...[and] king's [Royal] Other Son (*beizi*), a boar for each, feeding them fermented wine, in a wormwood-burning sacrifice. Perform an exorcism to release [Dao Gu] from [the baleful influence in] his residence. Perform a *ju* [prayer]... 〖117〗

...the [Royal] Other Son (*beizi*), a pig, feeding him fermented wine... 〖118〗

Perform a *ju* prayer to the Grand Master's private *wu*-shaman. Perform a *ju* prayer to the Spirit of Roads, [pledging] a white dog. Perform a *yi* prayer to Wangsun Zao, [pledging] a pig... 〖119〗

...[Chu forebears:] Old Child (Lao Tong)... 〖120〗

...Birthing Bear (?) (Yu Xiong), one ewe to each... 〖121〗

...[Chu forebears:] Old Child (Lao Tong)... 〖122〗

...[Invocator] of Fire (Zhu Rong), one black ram to each... 〖123〗

...Lai (?) already [received] prayers; the Chu forebears already [received] prayers... 〖124〗

Perform a *ju* prayer to the Other Lineage (*beizong*), [pledging] one jade circlet. Perform a *ju* prayer to Lai (?), [pledging] one black ram. ▭ [For] the God of Soil, follow the previous [offerings of] sacrificial animals... 〖125〗

Perform a *ju* prayer to the [Royal] Other [Son] (?)... 〖126〗

Perform a *ju* prayer to the Residential... 〖127〗

...the Overseer of Lifespan... 〖128〗

[The sacrifice to] the Princess has already completed... 〖129〗

...[The Spirit of Great] Waters, one circular jade pendant... 〖130〗

...The Spirit of Great Waters... 〖131〗

...Lord [X], a solitary ox. On the *jiwei* (56th) day, [determine by] crack-making; on the *gengshen* (57th) [day], fast indoors... 〖132〗

...deceased father... 〖133〗

... the deceased (or ancestral)... 〖134〗

...Lord [X]. The prayer is already offered. The requital [sacrifice] is not yet... 〖135〗

...Lord [X], Hu... 〖136〗

Sacrifice to the Spirit of the Stable. On the *jiaxu* (11th) [day] and the *jisi* (6th) [day] fast indoors... 〖137〗

On the *xinwei* (8th) [day] and the *jiaxu* (11th) [day], sacrifice to the [Spirit of (?)] Horses; on the *jiaxu* [day]... 〖138〗

Sacrifice to the God of Stove. On the *jisi* (6th) [day] sacrifice to... 〖139〗

Perform a harvest-tasting sacrifice to the God of Stove... 〖140〗

Present monthly food offerings... 〖141〗

... already presented food offerings... 〖142〗

Present it food offerings... 〖143〗

Feeding [X] fermented wine... 〖144〗

[Perform a] *ju* [prayer]... 〖147〗

...pray to... 〖148〗

...pray... 〖149〗

...all recovered from [his illness]. Promptly perform a requital sacrifice to it, [if he] speedily recovers from [his illness]. 〖150〗

...because all recovered from [his illness]... 〖151+200〗

...[speedily] recover from [his illness]... 〖152〗

...day on which [he] can fast... 〖154〗

On the *jisi* (6th) day and the *jiazi* (1st) day fast indoors... 〖155〗

On the *xinwei* (8th) day fast in the outlying... 〖156〗

...fast... 〖157〗

...fast... 〖158〗

On the *yihai* (12th) day ... 〖160〗

On the *jiazi* (1st) day... 〖161〗

On the *yihai* (12th) [day] ... 〖162〗

On the *jiazi* (1st) [day] ... 〖163〗

On the *yichou* (2nd) [day]... 〖164〗

On the *yichou* (2nd) [day] … 〖165〗

On the *xinwei* (8th) [day]… 〖166〗

On the *ji*… 〖167〗

…unpleasantness… 〖168〗

…*chen*… 〖169〗

…inform…Fan Huo[zhi]… 〖170〗

…Ke Cang (Chuang?)… 〖171〗

…Ke Chuang… 〖172〗

…Wei… 〖173〗

…day, Guan X… 〖174〗

… reduced [sacrificial animals], playing music. Perform an exorcism to release [Dao Gu] from [the baleful influences of] the People who died underneath prematurely. 〖176〗

Perform an exorcism… 〖177〗

☐☐☐☐☐ completed. [The sacrifice to] the Spirit of Gates has already completed. 〖178〗

…already X… 〖179〗

…joy [about] it… 〖180〗

…it not yet… 〖181〗

…*xin*… 〖182〗

…XX… 〖183〗

…*xi* (evening?)… 〖184〗

…*rong*… 〖185〗

…for… 〖186〗

…maladies… 〖187〗

…to determine… 〖188〗

…there is… 〖189〗

…used 〖190〗 Long Numinous [turtle shells]… 〖92〗

…Chu… 〖191〗

…*zi*… 〖193〗

…die… 〖194〗

...do not... 〖195〗

...within... 〖196〗

...protecting... 〖197〗

...*ji* X... 〖198〗

...a solitary... 〖199〗

...X... 〖201〗

...X... 〖202〗

...*zi*... 〖203〗

...X... 〖204〗

...X... 〖207〗

III. Tianxingguan M1 Divination and Sacrifice Records

In the year the Qi envoy Shen Huo had an audience with the king [of Chu] in Qi Ying, in the *dongxi* (10th) month, on the *jiyou* (46th) day, Gu Kuang used Receiving-the-Mandate [turtle shells] to determine for the month on behalf of the Lord [of Diyang, Fan Sheng]: "Serving the king, throughout the *dongxi* month, may he himself be favored and without adversity." Prognosticating it: "The general determination is auspicious. There is some concern about X 〖1-01〗.There are baleful influences." For this reason, propitiate them. Choose a good day [in] the *dongxi* [month] to perform a requital sacrifice to Lord Hui with a solitary hog, presenting him with food offerings. Perform a *ju* prayer to the Residential X, [pledging] a boar, and feeding [the Residential X] fermented wine. [Gu] Kuang prognosticated it: "Auspicious." 〖1-02〗

In the year the Qi envoy Shen Huo had an audience with the king [of Chu] in Qi Ying, in the *quxi* (11th) month, on the *jimao* (16th) day, Shi Chou used Long Numinous [turtle shells] to determine on behalf of [the Lord of Diyang]... 〖2〗

In the year the Qi envoy Shen Huo had an audience with the king [of Chu] in Qi Ying, in the *quxi* (11th) month, on the *guimao* (40th) day, Huang Guo used Great Fine [stalks] to determine on behalf of the Lord of Diyang, Fan Sheng: "[Fan Sheng] already appears to have chills and [no] desire to eat. He is sweating and thirsty. May he suffer no calamity." Prognosticating it 〖3-01〗 : "The general determination is auspicious. [He] is a little slow to recover from [his maladies]." For this reason, propitiate them. Release [Fan Sheng] from [the baleful influences of] the Two Children-of-Heaven and the Lord in the Clouds, using jade pendants and jade earrings. [Huang] Guo prognosticated it: "Auspicious. On the *wushen* (45th) [day]..." 〖3-02〗

In the year the Qi envoy Shen Huo had an audience with the king [of Chu] in Qi Ying, in the *xiaxi* (4th) month, on the *gengxu* (47th) day, Shi Chou used Long Numinous [turtle shells] to determine for the month on behalf of the Lord [of Diyang]: "Serving the king, throughout the *xiaxi* month, may he himself be favored and without adversity." Prognosticating it: "The general determination is auspicious. There is some concern [about] 〖4-01〗 his person; moreover, there is momentary unpleasantness. There are baleful influences." For this reason, propitiate them. Promptly perform a requital sacrifice to Lord Hui with a solitary hog, presenting him food offerings. Prognosticating it: "Auspicious." 〖4-02〗

In the year the Qi envoy Shen Huo had an audience with the king [of Chu] in Qi Ying, in the *yuanxi* (12th) month, on the *bingwu* (43rd) day, Zheng Chuang used Great Fine [stalks] to determine on behalf of Lord of Diyang, [Fan] Sheng: "[Fan Sheng] already appears to have chills. [He] appears worried and has no desire to eat. He is [sweeting and thirsty]. 〖5-01〗 May [he] suffer no calamity." Prognosticating it: "The general determination is auspicious. There is no calamity. For a short time, [his maladies] will continue. There are baleful influences." Propitiate them. Perform a *ju* prayer to the *wu*-shaman, [pledging] a boar and numinous fermented wine, playing arrayed-bells music for him. Zheng Chuang prognosticated it: "Auspicious. In ten days, there will be improvement." 〖5-02〗

In the year the Qi envoy Shen Huo had an audience with the king [of Chu] in Qi Ying, in the *xiayi* (2nd) month, on the *guichou* (50th) day, Fan Huozhi used Protecting-the-Household [turtle shells] to determine for the month on behalf of the Lord: "Throughout the *xiayi* month, serving the king, may he himself be favored and without adversity." Prognosticating it: "The general determination is auspicious. There is going to be unpleasantness in 〖6-01〗 his residence. There are baleful influences." For this reason, propitiate them. Perform a *ju* prayer to the

Lady of Dongcheng, [pledging] a boar, and feeding her fermented wine. On the *bingchen* (53rd) day, [performing] a roaming (?) sacrifice to the *wu*-shaman. Fan Huozhi prognosticated it: "Auspicious. He himself is favored and without adversity." 〖6-02〗

In the year the Qi envoy Shen Huo had an audience with the king [of Chu] in Qi Ying, in the *xiayi* (2nd) month, on the *guichou* (50th) day, Fan Huozhi used Protecting-the-Household [turtle shells] to determine on behalf of the Lord of Diyang, Fan Sheng: "[Fan Sheng] has already been delegated by the king to make [a trip for] the hunting in the *xiayi* [month] and [have] a speedy return. May he (Fan Sheng) himself be favored and without adversity." Prognosticating it 〖7-01〗: "The general determination is auspicious. There is going to be unpleasantness with the People [Who Died] Underneath the Chariot and Horses. There are baleful influences." For this reason, propitiate them. [After] returning to the granary, entreat and present the Eclipsed Grandness with one circular jade pendant; the Overseer of Lifespan, the Overseer of Misfortune, and the Master of Land, one auspicious jade circlet for each. Entreat and present the Spirit of Great Waters with one circular jade pendant. Entreat and present *fei* one... 〖7-02〗

In the year the Qi envoy Shen Huo had an audience with the king [of Chu] in Qi Ying, in the *bayue* (5th) month, on the *gengchen* (17th) day, Shi Chou used Long Numinous [turtle shells] to determine for the month on behalf of the Lord: "Throughout the *bayue* [month], may he himself [be favored] and without adversity." Prognosticating it: "The general determination is [auspicious]..." 〖8〗

In the year the Qi envoy Shen Huo had an audience with the king [of Chu] in Qi Ying, in the *shiyue* (7th) month, on the *gengchen* (17th) day, Yi Yi used [New] Long Spikes to determine on behalf of [the Lord] of Diyang, Fan Sheng: "From [this] *shiyue* [month] to the [next] *shiyue* [month] in the coming year, throughout the entire year, may he himself be favored 〖9-01〗 and without adversity." Yi Yi prognosticated it: "The general determination is auspicious. There is some concern about his feet. There are baleful influences." For this reason, propitiate them. Perform a *ju* prayer to the Spirit of Roads, [pledging] one hog, and when returning, present [the Spirit of Roads] food offerings. Perform a *ju* prayer to the Residential Master of Land, [pledging] one black ram. Perform an exorcism torelease [Fan Sheng] from [the baleful influence of] the Dead by Force... 〖9-02〗

In the year the Qi envoy Shen Huo had an audience with the king [of Chu] in Qi Ying, in the *cuanyue* (8ᵗʰ) month, on the *jiyou* (46ᵗʰ) day, Yi Yi used White Numinous [turtle shells] to determine for the month on behalf of the Lord: "Serving the king, throughout the *cuanyue* [month], may he himself be favored and without adversity?" Prognosticating it: "The general determination is auspicious. Sadly, there is momentary concern. There are baleful influences." Propitiate it. Perform a *ju* prayer to the Spirit of Hills, [pledging] a solitary ox, playing music... 〖10〗

In the year the Qi envoy Shen Huo had an audience with the king [of Chu] in Qi Ying, in the *xianma* (9ᵗʰ) month, on the *jimao* (16ᵗʰ) day, Shi Chou used Long Numinous [turtle shells] to determine for the month on behalf of the Lord: "Serving the king, throughout the *xianma* month, may he himself be favored and without adversity." Prognosticating it: "The general determination is auspicious. There is some concern about his person." For this reason 〖11-01〗, propitiate them. Perform a *yi* prayer to Lord Hui, [pledging] a solitary hog, and when returning, present [Lord Hui] food offerings. Prognosticating it ▭▭▭ Following this, Chen Cuo used New Receiving-the-Mandate [turtle shells] to [determine on behalf of the Lord]. Prognosticating it: "The general determination is auspicious. There are baleful influences." For this [reason]... 〖11-02〗

In the year the Qin envoy Gongsun Yang had an audience with the king [of Chu] in Qi Ying, in the *dongxi* (10ᵗʰ) month, on the *jiayin* (51ˢᵗ) day, Gu Ding used Protecting-the-Household [turtle shells] to determine for the month on behalf of the Lord: "Throughout the *dongxi* month, serving the king, may he himself be favored and without adversity." [Gu] Ding prognosticated it: "There is some 〖12-01〗 concern about his person. [There are baleful influences. Propitiate] it..." 〖12-02〗

In the year the Qin envoy Gongsun Yang had an audience with the king [of Chu] in [Qi] Ying, in the *shiyue* (7ᵗʰ) month, on the *bingxu* (23ʳᵈ) day, Gu Ding used Long Treasured [turtle shells] to determine on behalf of the Lord of Diyang, Fan Sheng: "Serving the king, from [this] *shiyue* month to the [next] *shiyue* month in the coming year, throughout the entire year, may he himself be favored and without adversity."

Prognosticating it: 〖13-01〗 "The general determination is auspicious. [There is] some concern about his person. There are baleful influences." For this reason, propitiate them. Choosing a good day in the *cuanyue* (8th) [month], perform a *ju* prayer to the Eclipsed Grandness, [pledging] one sacrificial ox (?); to the Overseer of Lifespan and the Overseer of Misfortune, [pledging] one ewe to each; to the Sovereign of Earth, [pledging] one wether. Perform a *ju* prayer to the Spirit of Great Waters, [pledging] one sacrificial ox (?). ☐☐☐ Choosing a good day in the *xianma* (9th) [month], perform a requital 〖13-02〗 sacrifice to Lord Zhuo, all the way down to Lord Hui, with the grand sacrificial offerings [of ox, pig, and sheep], playing music, singing, and dancing [to entertain them]. Prognosticating it: "Auspicious. Within the period of an entire year [under determination], there will be joy." 〖13-03〗

In the year the Qin envoy Gongsun Yang had an audience with the king [of Chu] in Qi Ying, in the *shiyue* (7th) month, on the *bingxu* (23rd) day, Ying Yang used Great Fine [stalks] to determine on behalf of the Lord of Diyang, Fan Sheng:... 〖14〗

In the year [the Song envoy(?)], Commander on the Left, Hu paid a diplomatic visit to Chu, in the *xiaxi* (4th) month, on the *jichou* (26th) day, Ying Fen used Great Fine [stalks] to determine on behalf of the Lord of Diyang, [Fan] Sheng: "[Fan Sheng] has already been staying at his new residence. May [he find] there suitable and stay for a long time." 〖15-01〗

Ying Fen prognosticated it: "Auspicious. For thirty years there is no calamity and no baleful influence. Within the period of three years [under determination], there is going to be great joy at the king's residence." 〖15-02〗

In the year the Fu (Ba?) envoy Jun Gong Song arrived in Chu, in the *Jingyi* (1st) month, on the *guisi* (30th) day, Zheng Chuang used Bamboo Crimson [stalks] to determine on behalf of the Lord... 〖16〗

Following this, Fan Huozhi used White Numinous [turtle shells] to [determine on behalf of the Lord of Diyang, Fan Sheng]. Prognosticating it: "Auspicious. He himself is favored and without adversity." 〖17〗

Following this, Chen Xian used White Numinous [turtle shells] to [determine on behalf of the Lord of Diyang, Fan Sheng]. Prognosticating it: "Auspicious. For the entire year he himself is favored and without adversity." 〖18〗

Following this, Chen Jia used White Numinous [turtle shells] to [determine on behalf of the Lord of Diyang, Fan Sheng]. Prognosticating it: "Auspicious. For the entire year he himself is favored and without adversity." [19]

Following this, Chen Yu [used] Commanding Numinous [turtle shells] to [determine on behalf of the Lord of Diyang, Fan Sheng]. Prognosticating it: "Auspicious. He himself is favored and without adversity." [20]

Following this, Shi Chou used Commanding Numinous [turtle shells] to [determine on behalf of the Lord of Diyang, Fan Sheng]. Prognosticating it: "Auspicious. He himself is favored and without adversity." [21]

Following this, Chen Xi used Commanding Numinous [turtle shells] to [determine on behalf of the Lord of Diyang, Fan Sheng]. Prognosticating it: "Auspicious." [22]

Following this, Shi Chou used Long Numinous [turtle shells] to [determine on behalf of the Lord of Diyang, Fan Sheng]. Prognosticating it: "Auspicious. Within the period [under determination], there will be joy in the intended affairs." [23]

Following this, Chen Xi used New Receiving-the-Mandate [turtle shells] to [determine on behalf of the Lord of Diyang, Fan Sheng]. Prognosticating it: "Auspicious. Within the period of the entire year [under determination], there will be joy." [24]

Following this, Chen Xi used White Numinous [turtle shells] to [determine on behalf of the Lord of Diyang, Fan Sheng]. [Prognosticating it]: "The general determination is auspicious. There is some concern. There are baleful influences." Propitiate it. Perform a *ju* prayer to Lord Hui, [pledging] a solitary hog. XX (Chen Xi?) prognosticated it: "Auspicious." [25]

Following this, Fan Huozhi used White Numinous [turtle shells] to [determine on behalf of the Lord of Diyang, Fan Sheng]. Prognosticating it: "The general determination is auspicious. There is some adversity. There are baleful influences." For this reason, propitiate them. Perform a *ju* prayer to X, [pledging] a solitary hog, and feeding [X] fermented wine. Feed each Female Premature Dead reduced sacrificial animal. Fan Huozhi prognosticated [it]: "Auspicious." [26]

Following this, Fan Huozhi used Receiving-the-Household [turtle shells] to [determine on behalf of the Lord of Diyang, Fan Sheng]. Prognosticating it: "The general determination is auspicious. There is going to be some concern about his residence; moreover, there will be unpleasantness in the fields and settlement in the eastern direction and in the affairs of weapon and armor." For this reason, propitiate them. Perform a *ju* prayer to Lord Zhuo, all the way down to Lord Hui, [pledging] the grand sacrificial animals [of ox, pig, and sheep], playing music, singing, and dancing [to entertain them]... 〖27〗

Following this, Fan Huozhi used White Numinous [turtle shells] to [determine on behalf of the Lord of Diyang, Fan Sheng]. Prognosticating it: "The general determination is auspicious. [There is] some concern about his person. There are baleful influences." Propitiate it. Choosing a good day in the *bayue* (5th) month, perform a requital sacrifice to *lao* (?) with a solitary hog, feeding [*lao* (?)] fermented wine. Prognosticating it: "Auspicious." 〖28〗

Following this, Fan Huozhi used White Numinous [turtle shells] to [determine on behalf of the Lord of Diyang, Fan Sheng]. Prognosticating it: "The general determination is auspicious. [There is] some concern about his residence." For this reason, propitiate them. Choosing a good day in the *dongxi* (10th) [month], perform a requital sacrifice to the Residential Master of Land with one black ram. Choosing a good day in the *dongxi* [month], send the sacrificial harvest to the God of Soil, [offering] a solitary ox. [Fan] Huo[zhi] prognosticated [it]: "Auspicious." 〖29〗

Following this, Shi Chou used Long Numinous [turtle shells] to [determine on behalf of the Lord of Diyang, Fan Sheng]. Prognosticating it: "The general determination is auspicious. There is some concern about his person." For this reason, propitiate them. Choosing a good day, perform a requital sacrifice to Lord Hui with a solitary hog, presenting him food offerings." Shi Chou prognosticated it: "Auspicious." 〖30〗

Following this, Shi Chou used Protecting-the-Household [turtle shells] to [determine on behalf of the Lord of Diyang, Fan Sheng]. Prognosticating it: "The general determination is auspicious. Within the period [under determination], there is some concern about his person. There are baleful influences." Propitiate it. Perform a *ju* prayer... 〖31〗

Following this, Gu Ding used New Receiving-the-Mandate [turtle shells] to [determine on behalf of the Lord of Diyang, Fan Sheng]. Prognosticating it: "The general determination is auspicious. There is some concern. There are baleful influences." For this reason, propitiate them. Entreat Lord Hui with a sacrificial feast, using a solitary hog, and when returning, [present food offerings]... 〖32〗

Following this, Gu Ding used Long Treasured [turtle shells] to [determine on behalf of the Lord of Diyang, Fan Sheng]. Prognosticating it: "The general determination is auspicious. There is some concern about his person. There are baleful influences." For this reason, propitiate them. Choosing a good day... 〖33〗

Following this, Gu Ding used New Receiving-the-Mandate [turtle shells] to [determine on behalf of the Lord of Diyang, Fan Sheng]. Prognosticating it: "The general determination is auspicious. Momentarily there is some unpleasantness. There are baleful influences." For this reason, propitiate them. Choosing a good day, send jade curios, sacrificial chariots, and horses to the Other Lineage (?) (Beizong). In the *bayue* (5th) month, send jade pendants to the *wu*-shaman. [Gu] Ding prognosticated it: "Auspicious." 〖34〗

Following this, Yi Yi used New Long Spikes to [determine on behalf of the Lord of Diyang, Fan Sheng]. Prognosticating it: "The general determination is auspicious. There are baleful influences." For this reason, propitiate them. Perform a *ju* prayer to the Fan forebear (an ancestor or a collective of ancestors of Fan Sheng), [pledging] a solitary ox, and presenting them food offerings. Perform a requital sacrifice to the Residential Master of Land with one black ram. Prognosticating it: "Auspicious." 〖35〗

Following this, Gu Kuang used Receiving-the-Household [turtle shells] to [determine on behalf of the Lord of Diyang, Fan Sheng]. Prognosticating it: "The general determination is auspicious. There are baleful influences." Propitiate it. Perform a *yi* prayer to X, [pledging] a solitary hog, and feeding [X] fermented wine. Gu Kuang prognosticated it... 〖36〗

Following this, Chen Xian used Receiving-the-Mandate [turtle shells] to [determine on behalf of the Lord of Diyang, Fan Sheng]. Prognosticating it: "Momentarily there is some unpleasantness. Not..." There is no baleful influence. 〖37〗

Following this, Chen Jia used Receiving-the-Mandate [turtle shells] to [determine on behalf of the Lord of Diyang, Fan Sheng]. Prognosticating it: "The general determination is auspicious. His maladies are speedily improving. There is some concern about his person. There are baleful influences." For this reason, propitiate them. Perform a *ju* prayer to the Spirit of Roads, [pledging] one white dog. Perform a roaming (?) sacrifice to the *wu*-shaman. [Chen] Xi prognosticated it: "Auspicious." 〖38〗

Following this, Fan Huozhi used Receiving-the-Household [turtle shells] to [determine on behalf of the Lord of Diyang, Fan Sheng]. Prognosticating it: "The general determination is auspicious. [Fan Sheng] is already recovering [from his illness]. [He is still] worried and sweats a lot. [He] is a little slow to recover from [his illness]." For this reason, propitiate them. In the *yuanxi* (12th) month, perform a *ju* prayer to the Eclipsed Grandness, [pledging] one sacrificial ox (?); to the Five Assistants, [pledging] one ewe to each; to the Sovereign of Earth, [pledging] one wether. Perform a *ju* prayer to the Spirit of Great Waters, [pledging] one sacrificial ox (?), and offering [the Spirit of Great Waters] an auspicious jade disk. 〖39〗

Guan Huan used Dark Yarrow [stalks] to determine on behalf of the Lord [of Diyang]: "[The Lord] already has maladies in his back and chest. Since he feels pressure in the heart, may he suffer no great calamity for this reason." Prognosticating it: "Auspicious. In the middle of the night his illness will continue; passing midnight there is improvement; on the *renwu* (19th) day [he] will recover from [his illness]." 〖40〗

The *Shen* Administrator of Tun, Guo (Huang Guo?), used Dark Yarrow [stalks] to determine on behalf of the Lord [of Diyang]: "[The Lord] already has maladies in his back and chest. Since he feels pressure in the heart, may he suffer no calamity." Prognosticating it: "Auspicious. There is no calamity. There are baleful influences. The baleful influences manifesting just like X death of *jue* (?). Perform....on the *jiawu* (31st) [day] ... 〖41〗

Following this, Guan Yao used White Numinous [turtle shells] to [determine on behalf of the Lord of Diyang, Fan Sheng]. Prognosticating it: "The general determination is auspicious. [He] is a little slow to recover from [his illness]. There are baleful influences." For this reason, propitiate them. Perform a *ju* prayer to the Two Children-of-Heaven, [pledging] two ewes to each; to X, [pledging] two black rams. Perform an exorcism to release [Fan Sheng] from [the baleful influences of] the Spirit of Covenants, the Spirit of Curses, and the Dead by Force. Prognosticating it, saying: "Auspicious. [He] will speedily recover from [his] maladies." 〖42〗

Following this, Chen Ying used New Protecting-the-Household [turtle shells] to [determine on behalf of the Lord of Diyang, Fan Sheng]. Prognosticating it: "The general determination is auspicious. There is some momentary concern. There are baleful influences." For this reason, propitiate them. Perform a *ju* prayer to the God of Soil, [pledging] a solitary ox, and playing music [to entertain the God of Soil]. Decide upon the intention. Perform an exorcism to release [Fan Sheng] from [the baleful influences of] the Innocent Dead, the Dead by Force, 〖43〗 and the Ancestral Place. [Chen] Ying prognosticated it: "Auspicious." 〖156〗

Huang Yu used Dark Yarrow [stalks] on behalf of the Lord to [determine X]. [There are baleful influences (?)] manifesting in the Spirit of Bright Day. This evening…in the *dongxi* (10th) [month], in the evening of the *jiawu* (31st) [day], pray to the Spirit of Bright Day, using a solitary calf, playing music, and dancing [to entertain the Spirit of Bright Day]. The functionaries carried out a *yin* (?) recovery. 〖44〗

Following this, Pan You used Long Reed [stalks] to [determine on behalf of the Lord of Diyang, Fan Sheng]. Pan You prognosticated it: "It is generally auspicious. It is suitable to builda residence. There is no calamity and no baleful influence." 〖45〗

In the year the Qi envoy Shen Huo… 〖46〗

…already performed a requital [sacrifice]… 〖47〗

…already performed a requital [sacrifice]… 〖48〗

…already performed a requital [sacrifice] to the Residential Master of Land… 〖49〗

…already performed a requital [sacrifice] to Lord Zhuo… 〖50〗

…already … 〖51〗

…already entreated Lord Hui with a sacrificial feast… 〖52〗

…the Qi envoy… 〖55〗

…Shen [Huo]… 〖56〗

…the Qin envoy Gongsun Yang… 〖57〗

In the year…at Qi Ying, in the *quxi* (11th) month, on the *guimao* (40th) day, Yi Yi… 〖58〗

Following this, Shi Chou used Long… 〖59〗

Following this, Chen Cuo used Receiving-the-Household [turtle shells] to [determine on behalf of the Lord of Diyang, Fan Sheng]. Prognosticating it… 〖60〗

Following this, Fan Huozhi used White Numinous [turtle shells] to [determine on behalf of the Lord of Diyang, Fan Sheng]…. 〖61〗

Following this, Huang X used Bamboo Crimson [stalks] to [determine on behalf of the Lord of Diyang, Fan Sheng]. Prognosticating it: "The general determination is [auspicious]…" 〖62〗

Following this, Chen Xian used Long… 〖63〗

Following this, Chen [X] used Commanding Numinous [turtle shells] to [determine on behalf of the Lord of Diyang, Fan Sheng]. Prognosticating it: "The general determination is auspicious…" 〖64〗

[To determine on behalf of] the Lord for the month…month….using Long Numinous [turtle shells]… 〖65〗

Following this, …used Dark Yarrow [stalks] to [determine on behalf of the Lord of Diyang, Fan Sheng]. Prognosticating it: "The general determination is auspicious. There is no calamity. [His] maladies will continue." For this reason, propitiate them. Perform a *yi* prayer to X, [pledging] a solitary ox… 〖66〗

…*xi* month… 〖67〗

Prognosticating it: "The general determination is auspicious. There is some concern about the people in the residence." For this reason, propitiate them. Address the propitiation [proposed] by Shi Chou: Perform a *ju* prayer to Lord Hui… 〖68〗

…"Auspicious. [He] is a little slow to recover from [his illness]. There are baleful influences." Propitiate it. In the *yuanxi* (12th) [month] … 〖69〗

…[from this *shiyue* (7th) month to] the [next] *shiyue* (7th) month of the [coming] year, throughout the entire year, may he himself be favored and without adversity." Prognosticating it: "The general determination is [auspicious]…" 〖70〗

…determination is auspicious… 〖71〗

…serving the king… 〖72〗

…The general [determination]… 〖73〗

…The general determination is [auspicious]… 〖74〗

"In the *yuanxi* (12ᵗʰ) month, may he himself be favored and without adversity." Prognosticating it: "Auspicious. There is no baleful influence." 〖75〗

"[The general] determination is auspicious. Within the period [under determination] there is some concern about his person. There is some unpleasantness…" 〖76〗

…throughout the *qu[xi]* [month]… 〖77〗

"…[Within] the period [under determination] there is some concern about his person. There are baleful influences." For this reason, propitiate them. Address the propitiation [proposed] by Gu Ding: Choosing a good day in the *cuanyue* (8ᵗʰ) [month], perform a *ju* prayer to the Eclipsed Grandness, [pledging] one sacrificial ox (?); to the Overseer of Lifespan and the Overseer of Misfortune, [pledging] one sacrificial ox (?) to each. Decide upon the intention…. 〖78〗

"…There is some concern about his person. There are baleful influences." For this reason, propitiate them. Perform a requital sacrifice to the Spirit of Night Affairs with a solitary hog, playing music… 〖79〗

"…slow to recover from [his illness]. There are baleful influences." For this reason, propitiate them. Decide upon the intention. Perform an exorcism to 〖80〗 release [Fan Sheng] from [the baleful influence of] the Innocent Dead. Choosing a good day… 〖117〗

"…is going to continue. There are baleful influences." For this reason, propitiate them…. 〖81〗

"…about his person. There are baleful influences." For this reason, [propitiate them] … 〖82〗

…this… 〖83〗

…for… 〖84〗

Propitiate them… 〖85〗

Choosing a good day in the *yuanxi* (12ᵗʰ) month, entreat Lord Hui with a sacrificial feast at *mu*'s place (?), using a solitary hog and presenting him with food offerings. Sacrificially drown one ewe for the Spirit of Great Waves, and entreat… 〖86〗

　　…Perform a *yi* prayer to X, [pledging] a solitary ox, and playing music… 〖87〗

　　…it. Perform a requital sacrifice to the Residential Master of Land… 〖88〗

　　…Perform a *ju* prayer to Lord Hui… 〖89〗

　　Perform a *yi* prayer to the Spirit of the West, [pledging] a whole pig. On the *yisi* (42nd) day, there will be improvement, or on the *wushen* (45th) day, there will be improvement… 〖90〗

　　Perform a requital sacrifice to Lord Hui, singing [to entertain him], and using a pig. Prognosticating it: "Auspicious. On the *guisi* (30th) day, perform a requital sacrifice…" 〖91〗

　　…the third month, perform a requital sacrifice to the Eclipsed Grandness with one sacrificial ox (?); to the Overseer of Lifespan and the Overseer of Misfortune… 〖92〗

　　…Perform a requital [sacrifice]… 〖93〗

　　Perform a *yi* prayer to Lord Zhuo, all the way down to Lord Hui, [pledging] the grand sacrificial animals [of ox, pig, and sheep], playing music, singing, and dancing [to entertain them]; perform a *yi* prayer to the Great High [Ancestor (?)], [pledging] a solitary ox, feeding [him (?)] fermented wine… 〖94〗

　　…choosing a good day….chariot… 〖95〗

　　…Perform a *ju* prayer to the Spirit of Great Waters… 〖96〗

　　…[the Spirit of] Great Waters one… 〖97〗

　　…Perform a *yi* prayer to the Great High [Ancestor (?)], [pledging] a solitary ox… 〖98〗

　　…hog, and when returning, present food offerings and entreat the X Malevolent with a sacrificial feast… 〖99〗

　　…X, a solitary ox… 〖100〗

　　…the Overseer of Lifespan and the Overseer of Misfortune, one…to each… 〖101〗

　　…[the Overseer of] Misfortune… 〖102〗

…[the Sovereign of] Earth, one… 〖103〗

… one ewe to each… 〖104〗

… one ewe to each… 〖105〗

…ewe; [to] the Sovereign of Earth, one… 〖106〗

…one black ram; choosing… 〖107〗

May [he] not… 〖108〗

…one wether… 〖109〗

…[His] maladies will improve… 〖110〗

…[He] appears to have chills. [He] appears worried and has no desire to eat…
〖111〗

…eat. The younger brother of [his] father… 〖112〗

…eat. Prognosticating it: "Auspicious. In the *yuanxi* (12th) month…" 〖113〗

….the propitiation of X. May an exorcism release [Fan Sheng from the baleful influence]… 〖114〗

May an exorcism release [Fan Sheng] from [the baleful influences of] the Spirit of Covenants and the Spirit of Curses… 〖115〗

May an exorcism release [Fan Sheng] from [the baleful influence of] the Innocent Dead… 〖116〗

…the Innocent Dead and the Dead by Force. Within the period [under determination] there will… 〖118〗

…the Innocent Dead. Ying Yang prognosticated [it]… 〖119〗

…the Spirit of Covenants and the Dead by Force… 〖120〗

…*Dong*… 〖121〗

…[within] the period [under determination], month… 〖122〗

…within [the period under determination]… 〖123〗

…[within] the period [under determination], leave [his] residence. For this reason, propitiate [them]… 〖124〗

…for… 〖126〗

X prognosticated it… 〖127〗

…X… 〖129〗

…king's… 〖130〗

...of... 〖131〗

...it. Zheng Chuang... 〖132〗

...[He] appears worried ... 〖133〗

...X... 〖134〗

...one... 〖135〗

...X... 〖136〗

...within [the period under determination], there will be joy. Within the period [under determination] [he] is going to leave the residence. It will not be worrisome...
〖137〗

"...suffer great calamity for this reason." Prognosticating it: "The general determination is auspicious. There is no calamity." 〖138〗

...to improve... 〖139〗

...there is improvement. [His] maladies appear to be aggravating, and [he] is slow to recover from [his maladies]. By the *Jingyi* (1st) month, there will be a good recovery. 〖140〗

...noon great X... 〖141〗

...general... 〖142〗

...feeding fermented wine. Ying prognosticated it: "Auspicious." 〖143〗

"Auspicious..." 〖144〗

X prognosticated it: "Auspicious..." 〖145〗

...the Premature Dead... 〖146〗

...X is going to have joy... 〖147〗

Prognosticating it: "Auspicious...." 〖148〗

Prognosticating it: "Auspicious...." 〖149〗

[Prognosticating] it: "Auspicious. Within the period [under determination] there will be joyful affairs." 〖150〗

...two counts of sacrificial chariots, and his... to...Gu Ding prognosticated it: "Auspicious.'" 〖151〗

...Within the period [under determination] there are going to be numerous changes... 〖152〗

Chen Cuo prognosticated it: "Auspicious." 〖153〗

…within the period [under determination] there will be [great (?)] joy. 〖154〗

Perform a *ju* prayer to Lord Hui, [pledging] the grand sacrificial animals [of ox, pig, and sheep], and playing music [to entertain him]. In the third autumn month, choose a good day to perform a requital sacrifice to the Spirit of Bright Daytime with a solitary calf, playing music [to entertain the Spirit of Bright Daytime]. Fan Huizhi prognosticated it: "Auspicious." 〖155〗

…it. Choosing a good day in the *cuanyue* (8th) [month], perform a roaming (?) sacrifice to the *wu*-shaman. Yi prognosticated it: "Auspicious." 〖157〗

…Lord Huan…entreat with a sacrificial feast…ewe. [Fan] Huozhi prognosticated it: "Auspicious." 〖158〗

…wether. Perform a requital sacrifice to the Spirit of Great Waters with one sacrificial ox (?). Perform a *ju* prayer to the Great High [Ancestor (?)], [pledging] a solitary ox. Ding prognosticated it: "Auspicious." 〖159〗

…on the *xinhai* (48th) [day] [there are] joyful affairs… 〖160〗

…X ewe. Prognosticating it: "Auspicious." 〖161〗

IV. Qinjiazui Divination and Sacrifice Records

Qinjiazui M1 Divination and Sacrifice Records

In the year the Zhou envoy Han Wu [had an audience with] the king [of Chu] in the east of Song, in the *dongxi* (10th) month, on the *xinwei* (8th) day, because of his maladies, Zi had Hu X determined [on his behalf] using yarrow stalks. [Prognosticating it], saying: "There are baleful influences manifesting." 〖1〗

Pray X to the grandfather of the fifth generation [prior], all the way down to [Zi's] father, in every case, Zi dared to X… 〖2〗

…down to [Zi's] father. If Zi is made to speedily recover from his maladies, Zi will choose a good month and a good day and promptly perform a requital [sacrifice]… 〖3〗

Qinjiazui M13 Divination and Sacrifice Records

On the *yiwei* (32nd) day, perform a requital sacrifice to five generations [of ancestors] down to [the unnamed patron's] father and mother, with a plump hog…father and mother…on the *shenwei* <*shen* or *wei*> day… 〖1〗

On the *dingchou* (14th) day, following this, Wei Bao used Dragon Numinous [turtle shells] to [determine on behalf of the unnamed patron]. Prognosticating it: "Auspicious. There are baleful influences." For this reason, propitiate the.... 【2】

In the year...., [in the X month], on the *guiyou* (10th) day, Wei Bao [used] Yellow Numinous [turtle shells]...all the way down to [the unnamed patron's] father... 【3】

...all the way down to [the unnamed patron's] father and mother, and the multitude of ghosts, with a solitary ox, feeding [them] fermented wine. 【4】

...to determine: "Already performed [a requital (?)] sacrifice with a solitary ox to the grandfather and grand[mother] of fifth generations [prior] ...." 【5】

In the *xiaxi* (4th) month, on the *dingchou* (14th) day, Ke Qing used Broad Numinous [turtle shells] to determine [on behalf ofthe unnamed patron], the Lian Chief of X...there is some concern about [the unnamed patron's] residence. 【8】

"... May he suffer no calamity." Prognosticating it: "The general determination is auspicious. There is some concern about his residence." For this reason, propitiate them. When it is the time of the third autumn month, perform a requital sacrifice to the five [generations of ancestors].... 【14】

Qinjiazui M99 Divination and Sacrifice Records

In the evening of the *jiashen* (21st) [day]...On the *yiyou* (22nd) day, perform a requital sacrifice to the Residential Master of Land with one black ram; to the Overseer of Lifespan...and feeding [them] fermented wine, in a dismemberment sacrifice. Perform a requital sacrifice to the Spirit of Roads with one white dog, feeding [the Spirit of Roads] fermented wine. Ke Qing prognosticated it: "Auspicious. [Ye] will speedily recover from [his illness]." 【1】

Perform a requital sacrifice to the Spirit of Roads with one white dog... 【2】

...Ye, because of his illness...distress. When it comes to the third autumn month, [he will] recover from [his illness] and will not die. With [his] wife, son, and daughter... 【3r】 Broom made of white feathers 【3v】

Prognosticating it: "Auspicious."...Prognosticating it: "For four years there will be no calamity." 【4】

…Ye, because of his illness…Following this, Ke Qing used Yellow Numinous [turtle shells] to [determine on behalf of Ye]. Prognosticating it: "Auspicious. There is no calamity and no baleful influence." 〖5〗

…[grandfather and] grandmother to [Ye's father and mother (?)] … 〖9〗

Pray to the grandfather and grandmother of fifth generations [prior], all the way down to [Ye's] father and mother, [his] maladies… promptly perform a requital [sacrifice] to them all together. 〖10〗

Perform a requital sacrifice to the grandfather and grandmother of fifth generations [prior]…the Master of Land, the Overseer of Lifespan, and the Overseer of Misfortune, using one black ram with a [piece of] auspicious jade hung [on the sacrificial animal] for each; to the Spirit of the North, one jade circlet… 〖11〗

Fan Huozhi…the Lian Chief…his wife and children, do not use black ram… 〖12〗

In the third [autumn] month, choose a good day to perform a *ju* prayer to the Great Master of Land, [pledging] one black ram. Perform a *ju* prayer to the Eclipsed Grandness…May an exorcism…hang a [piece of] auspicious jade on [the sacrificial animal]. If [he] speedily recovers from [his] maladies, promptly perform a requital [sacrifice] to them. Prognosticating it: "Auspicious." 〖14〗

In the year the Qin envoy Gongsun Yang paid a diplomatic visit to Chu, in the *bayue* (5th) month, on the *gengzi* (37th) day, because of his illness, Ye… 〖15〗

V. Dingjiazui M2 Divination and Sacrifice Records

In the year the Qin envoy Xi Rong arrived in Chu, in the *jiuyue* (6th) month… 〖1-01〗

…in the *jiuyue* (6th) month, on the *renyin* (39th) day, Huang X Bai used Governing Yarrow Stalks to [determine] on behalf of Lou [Jun]… 〖1-03〗

…on the *renyin* (39th) day, because of Lou Jun's illness, perform a *ju* prayer… 〖1-15〗

…get its protection ready, also pray to [his] private *wu*-shaman. Get its protection ready, and on the *jiwei* (56th) day, also pray to… 〖1-27r〗 the God of Soil in X, one black ram. 〖1-27v〗

Prognosticating it: "Auspicious. There are baleful influences from the Spirit of Great Waters…pig." 〖1-29r〗 Perform a *ju* [prayer]… 〖1-29r〗

VI. Yancang M1 Divination and Sacrifice Records

In the year the Song envoy, Commander on the Left, Chen arrived in Chu, in the *Jingyi* (1ˢᵗ) [month], on the X day, Guan Peng used Long Numinous [turtle shells] to determine on behalf of Grand Minister of War, Dao Hua: "[Dao Hua] already runs around and throws himself in [the affairs of] the state. [As he] leaves and enters [the court] to serve the king, from [this] *jingyi* month of the Year of the Song envoy, Commander on the Left, Chen, to the [next] *jingyi* month of the coming year, may he suffer no calamity."… 〖12+25+22〗

…in the *xiangyue* (3ʳᵈ) month, in the evening of the *gengchen* (17ᵗʰ) [day], X, because Grand Minister of War, Dao Hua, is ill… 〖2+4〗

VII. Wangshanqiao M1 Divination and Sacrifice Records

In the year the Qin envoy Gong Cheng had an audience with the king [of Chu] at Qi Ying… 〖1〗

…*cang*, Yi Yi used Broad Numinous [turtle shells] to determine on behalf of Administrator of the Middle Stable (Zhong Jiu Yin): "There are baleful influences." Perform a *ju* prayer to King Jian [of Chu], [pledging] a solitary ox. Perform a *ju* prayer… 〖2〗

…to King Dao [of Chu], [pledging] a solitary ox. 〖3〗

…Perform a *ju* prayer to King Su [of Chu, r. 380-370 BCE], [pledging] a solitary ox. Perform a *ju* prayer to… 〖4〗

…Perform a *ju* prayer to Prince Bing (Wangzi Bing), [pledging] a solitary hog. Perform a *ju* prayer to the God of Soil, [pledging] a solitary pig. Yi Yi prognosticated it, saying: "Auspicious…." 〖5〗

VIII. Tangweisi M126 Divination and Sacrifice Records

In the year the Yan envoy Zang Bin had an audience with the king [of Chu] at Qi Ying, in the *xiayi* (4ᵗʰ) month, on the *renxu* (59ᵗʰ) day, Luan Shi determined on behalf of Administrator of Music (Yue Yin), Xu Mao Chan, [using] Yarrow Stalks: "[Xu Mao Chan] has maladies in his shoulders, back, upper arms, lower back, chest, and ribs. Because [he feels] pressure in the heart, may he not be blamed." [Prognosticating it:] "The general determination is auspicious. [He is] not blamed.

There are baleful influences 〖1〗 manifesting." For this reason, propitiate them. Because they made prior prayers, follow their [usage of] the sacrificial animals and perform a *yi* prayer to the Grandness, [pledging] one ewe; to the Master of Land and the Overseer of Lifespan, [pledging] one black ram to each; to the Spirit of the North, [pledging] one circular mother-of-pearl decorated jade pendant. When the third winter month comes, choose a good day to perform a requital [sacrifice] to them. [Luan] Shi prognosticated it: "Greatly auspicious. [He] will speedily recover from [his] maladies." 〖2〗

In the year the Yan envoy Zang Bin had an audience with the king [of Chu] at Qi Ying, in the *yuanxi* (12th) month, on the *bingwu* (43rd) day, Wu Gong determined on behalf of Administrator of Music, Chan, [using] Yarrow Stalks: "Because [Xu Mao Chan] has maladies in his shoulders, back, upper arms, lower back, chest, and ribs, may he not be blamed." [Prognosticating it:] "The general determination is auspicious. [He is] not blamed. There are baleful influences manifesting." For this reason, propitiate them. Because they made prior prayers, follow their [usage of] the sacrificial animals and perform a *yi* prayer to the Grandness, [pledging] one ewe; to the Master of Land and the Overseer of Lifespan, [pledging] one black ram to each; to the Spirit of the North, [pledging] one circular mother-of-pearl decorated jade pendant. If they make Chan speedily recover from [his maladies], urgently... 〖3〗

Reporting to the Great Spirit, the Eclipsed Grandness: In the year the Yan envoy Zang Zhi Bin had an audience with the king [of Chu] at Qi Ying, in the *xiangyue* (3rd) month, Jian, because of her (?) maladies, [had] Luan Shi determined [on her (?) behalf], using Yarrow Stalks. There is baleful influence manifesting in the place of the lord. Today is the *jiyou* (46th) day. Chan is recordingthe time of making food offerings: a plump hog... 〖4〗

Reporting to the Great Spirit, the August [One]: Chan, because of his maladies, had [a diviner] determined [on his behalf] using Yarrow Stalks. [There is baleful influence] manifesting. Chan is going to choose a good month and a good day, and is going to perform a one-ewe requital [sacrifice] to [the Eclipsed Grandness (?)] [as pledged] in the [prior] prayer; [to] the Overseer of Lifespan and the Master of Earth, [Chan] is going to perform a requital sacrifice to each with one black ram ... 〖5〗

Reporting to the Spirit of the North: Chan, because of his maladies, had [a diviner] determined [on his behalf] using Yarrow Stalks. [There is baleful influence] manifesting. Chan is going to choose a good month and a good day, and is going to ask for blessing (?), with one circular mother-of-pearl decorated jade pendant... 〖6〗

Your humble servant Chan dares to report to the Spirit of the North: Because of the maladies that his family has, Chen Mu, determined [on Chan's behalf] using Yarrow Stalks. There are baleful influences manifesting. Because they cannot yet be prayed to, a decision is made to [pledge] one circular jade pendant. When the third autumn month comes, choose a good day to perform a requital [sacrifice] to it. 〖7〗

[In the year] the Qin envoy...maladies... to the *dongxi* (10th) month, [they] are going to promptly perform a requital [sacrifice according to] the recorded command. 〖8〗

Four 〖fragment verso〗

IX. Xiongjiawan M43 Divination and Sacrifice Records

In the year the Wei envoy Nan Gong X arrived in Chu, in the *xianma* (9th) month, Ci determined on behalf of Sheng: "Sheng is already..." Prognosticating... baleful influence manifesting in the Two Children-of-Heaven. For this reason 〖1〗 propitiate them. If Sheng is made to speedily recover from [her] maladies, [she will] choose a good day to entreat the Two Children-of-Heaven, with a jade ▭ pendant for each...jade pendant and penannular jade pendant. Prognosticating it: "Auspicious." 〖2〗

Gu Xun prognosticated it, saying: "Auspicious." ▭ In the *xiangyue* (3rd) month, on the *renwu* (19th) day, pray to it. 〖14+28〗

X. Pengjiawan M183 and M264 Divination and Sacrifice Records

Pengjiawan M183 Divination and Sacrifice Records

In the year the Song envoy, Commander on the Left, Hu arrived in Chu, in the *bayue* (5th) month, on the *xinhai* (48th) day, Jia used Great Yarrow Stalks to determine for three months on behalf of E: "[E] already has maladies. May she suffer no calamity." Jia prognosticated it: "The general determination is auspicious. There is no calamity. There are baleful influences." For this reason, propitiate them. Asking for general blessings, perform a *ju* prayer to Lord of Jiding 〖1〗, all the way down to [E's] father, Managerial (?) Administrator of Qi (Qi Bu Yin), [pledging] a solitary pig to each, and feeding [them] fermented wine. If E is made to speedily recover from [her] maladies, within the period [under determination], perform a requital [sacrifice] to them. Jia prognosticated it: "Very auspicious." The *ju* prayer has already been performed for them. 〖2〗

In the year the Qi envoy Zhu Jiao had an audience with the king [of Chu], in the new (intercalary) *jiuyue* (6th) month, on the *gengxu* (47th) day, Yi Ju used *ge* Turtle [shells] to determine on behalf of E: "[E] is sick; moreover, [she] feels pressure in the heart. May she not die." Prognosticating it: "Auspicious. [She is] not dying. Her maladies are going to act up again. There are baleful influences manifesting in the grandfather three generations [prior], all the way down to 〖3〗 [E's] father." For this reason, perform a *yi* prayer [to them], [pledging] a solitary ox to each, and feeding [them] fermented wine. Prognosticating it: "Auspicious." 〖4〗

In the *xianma* (9th) month, on the *guise* (30th) day, Yi Ju used Multi-colored Numinous [turtle shells] to determine on behalf of E Ye: "Because [E Ye] feels pressure in the heart and has an abdominal malady, may she not die." Prognosticating it: "Auspicious. There are baleful influences manifesting in [E Ye's] father-in-law and mother-in-law." For this reason, address the prayers [previously proposed]. Prognosticating it: "Auspicious." 〖5〗

In the year the Qi envoy Zhu Jiao arrived in Chu, in the *yuanxi* (12th) month, on the *bingchen* (53rd) day, Yi Ju used Good Numinous [turtle shells] to determine on behalf of E Ye: "[E Ye] has maladies in the abdomen and the heart. May she not die." Prognosticating it: "Auspicious. There are baleful influences manifesting in [E Ye's] father and mother, the Private Malevolent, and Those who Drowned." For this reason, propitiate them. Choosing a good day in the third spring month, pray 〖5〗 to [E Ye's] father and mother, [pledging] reduced plump sacrificial animals, and feeding [E Ye's father and mother] fermented wine. Feed the Malevolent, and [through an exorcism] release [E Ye] from [the baleful influence of] Those who Drowned. Yi Ju prognosticated it: "Auspicious." 〖7〗

In the year the Qi envoy Zhu Jiao had an audience with the king of [Chu], in the *yuanxi* (12th) month, on the *bingchen* (53rd) day, Yi Ju used Long Numinous [turtle shells] to determine on behalf of E: "[E] already has maladies in the abdomen and the heart. From the *yuanxi* month to the *xiayi* (2nd) month [in the following year], within the period of three months [8] [under determination], may she suffer no great calamity." Prognosticating it: "The general determination is auspicious. [she] is a little slow to recover from [her] maladies. There is the fear that [her maladies] will continue." For this reason, propitiate them. Within the time that is not beyond the period [under determination], perform a requital sacrifice to Lord of Jiding and the Managerial (?) Administrator of Qi, with a solitary pig for each, and feeding [them] fermented wine. Prognosticating it: "Auspicious." [9]

In the year the Qi envoy Zhu Jiao arrived in Chu, in the *yuanxi* (12th) month, on the *bingchen* (53rd) day, Fan Huozhi used Assisting-the-Household [turtle shells] to determine on behalf of E Ye: "[E Ye] already has maladies in the abdomen and the heart. Within the period of three months [under determination], may she suffer no great calamity." Prognosticating it: "The general determination is [auspicious]. There is no calamity. [Her maladies] continue a little and [she] is slow to recover from [her maladies]." For this reason, propitiate them. [10] Address the propitiation [proposed] by Xu Hai: Within the time that is not beyond the period [under determination], perform a requital sacrifice to the Eclipsed Grandness with one ewe; to the Sovereign of Earth and the Overseer of Lifespan, one black ram for each; to the Spirit of Great Waters, one black ram. Prognosticating it: "Auspicious." Perform a requital sacrifice to Lord of Jizhuang with a solitary pig, feeding [him] fermented wine. [Through an exorcism] release [E Ye] from [the baleful influence of] the Drowned People. [11]

"...fear there are other concerns." For this reason, propitiate them. Perform a *ju* prayer to the Grandness, [pledging] one ewe; to the Sovereign of Earth and the Overseer of Lifespan, [pledging] one black ram to each. Perform a *ju* prayer to the Spirit of Great Waters, [pledging] one ewe. [12]

Pengjiawan M264 Divination and Sacrifice Records

...in the *cuanyue* (8th) month, on the *renyin* (39th) day, Zhen [used] Cracking [turtleshells] and Yarrow Stalks to determine on behalf of Se: "XX (some kind of baleful influence) of the grandfather three generations [prior] is inflicting on Se." Pray to the grandfather three generations [prior]…feeding [him] fermented wine. [If Se] speedily recovers [from his inflictions], [he] is going to promptly perform a requital [sacrifice] to him (the Grandfather three generations prior).

主要參考文獻

B

1. 白光琦：《顓頊曆三事考》，《自然科學史研究》2002 年第 2 期。（白光琦 2002）

2. 邴尚白：《楚國卜筮祭禱簡研究》，臺灣暨南國際大學碩士學位論文，1999 年。（邴尚白 1999）

3. 邴尚白：《楚曆問題綜論》，《古文字與古文獻》試刊號，楚文化研究會籌備處，1999 年。

4. 邴尚白：《葛陵楚簡研究》，臺灣大學博士學位論文，2007 年。

C

1. 陳劍：《甲骨金文舊釋「尤」之字及相關諸字新釋》，《北京大學中國古文獻研究中心集刊》第四輯，北京：北京大學出版社，2004 年。

2. 陳劍：《楚簡「𢄐」字試解》，「2008 年國際簡帛論壇會議」論文，芝加哥，2008 年。

3. 陳峻志：《關於楚地至上神「大」的評議》，簡帛網，2011 年 7 月 15 日。

4. 陳斯鵬：《論周原甲骨和楚系簡帛中的「囟」與「思」》，《第四屆國際中國古文字學研討會論文集》，香港中文大學中國文化研究所、中國語言及文學系，2003 年。

5. 陳斯鵬：《簡帛文獻與文學考論》，中山大學博士學位論文，2005 年。（陳斯鵬 2005）

6. 陳斯鵬：《簡帛文獻與文學考論》，廣州：中山大學出版社，2007 年。

7. 陳斯鵬：《楚簡中的一字形表多詞現象》，《出土文獻與古文字研究》第二輯，上海：復旦大學出版社，2008 年。

8. 陳斯鵬：《從楚系簡帛看字詞關係變化中的代償現象》，《中山大學學報》2011 年第 4 期。

9. 陳偉：《包山楚簡初探》，武漢：武漢大學出版社，1996 年。（陳偉 1996）

10. 陳偉：《試論包山楚簡所見的卜筮制度》，《江漢考古》1996 年第 1 期。

11. 陳偉：《望山楚簡所見卜筮與禱祠——與包山楚簡相對照》，《江漢考古》1997 年第 2 期。

12. 陳偉：《望山楚簡所見卜筮與禱祠》，《新出楚簡研讀》，武漢：武漢大學出版社，2010 年。

13. 陳偉：《湖北荊門包山卜筮楚簡所見神祇系統和享祭制度》，《考古》1999 年第 4 期。

14. 陳偉：《新蔡楚簡零釋》，《華學》第六輯，北京：紫禁城出版社，2003 年。（陳偉 2003）

15. 陳偉：《讀新蔡簡劄記（三則）》，簡帛研究網，2004 年 1 月 30 日。

16. 陳偉：《讀新蔡簡札記（四則）》，《康樂集——曾憲通教授七十壽慶論文集》，廣州：中山大學出版社，2006 年。

17. 陳偉：《包山簡「秦客陳慎」即陳軫試說》，《古文字研究》第二十五輯，北京：中華書局，2004 年。

18. 陳偉：《葛陵楚簡所見的卜筮與禱祠》，《出土文獻研究》第六輯，上海：上海古籍出版社，2004 年。

19. 陳偉：《楚人禱祠記錄中的人鬼系以及相關問題》，「第一屆古文字與古代史學術討論會」論文，臺北，2006 年。

20. 陳偉：《〈簡大王泊旱〉新研》，簡帛網，2006 年 11 月 22 日。

21. 陳偉：《包山卜筮簡零拾（三則）》，簡帛網，2008 年 9 月 28 日。

22. 陳偉主編：《楚地出土戰國簡冊〔十四種〕》，北京：經濟科學出版社，2009 年。（陳偉 2009）

23. 陳偉：《楚簡中某些「外」字疑讀作「間」試說》，簡帛網，2010 年 5 月 28 日。

24. 陳偉：《新出楚簡研讀》，武漢：武漢大學出版社，2010 年。

25. 陳偉：《關於秦封泥「河外」的討論》,《出土文獻研究》第十輯,北京：中華書局,2011 年。

26. 陳偉：《楚簡「訟」字試說》,武大簡帛网,2011 年 10 月 20 日。

27. 陳偉：《讀清華簡〈繫年〉札記（二）》,簡帛網,2011 年 12 月 21 日。（陳偉 2011）

28. 陳偉武：《戰國楚簡考釋斠議》,《第三屆國際中國古文字學研討會論文集》,香港中文大學中國語言及文學系,1997 年。（陳偉武 1997）

29. 陳偉武：《舊釋「折」及從「折」之字平議》,《古文字研究》第二十二輯,北京：中華書局,2000 年。

30. 陳魏俊：《楚簡「為位」及「東堂之客」補釋》,《學行堂語言文字論叢》第四輯,成都：四川大學出版社,2014 年。

31. 陳魏俊：《楚簡「為位」新解》,《文獻》2014 年第 1 期。

32. 程燕：《望山楚簡文字研究》,安徽大學碩士學位論文,2002 年。

33. 程燕：《望山楚簡考釋六則》,《江漢考古》2003 年第 3 期。

34. 程燕：《說樊》,簡帛網,2011 年 1 月 6 日。

35. Cook, Constance A. *Death in Ancient China: The Tale of One Man's Journey.* Leiden: Brill, 2006.（包山 M2 和望山 M1）

D

1. 大西克也：《楚簡語法札記（二則）》,「紀念徐中舒先生百年誕辰暨中國古文字學學術討論會」論文,成都,1998 年。

2. 大西克也：《從語法的角度論楚簡中的「囟」字》,《康樂集——曾憲通教授七十壽慶論文集》,廣州：中山大學出版社,2006 年。

3. 大西克也：《試論新蔡楚簡的「述（遂）」字》,《古文字研究》第二十六輯,北京：中華書局,2006 年。

4. 丁妮：《楚簡所見「大水」祭祀內涵試詮——由「大水」祭祀到楚國水崇拜的思考》,《湖北民族學院學報》2012 年第 6 期。

5. 董珊：《楚簡中從「大」聲之字的讀法（一）》,簡帛網,2007 年 7 月 8 日。（董珊 2007A）

6. 董珊：《楚簡中從「大」聲之字的讀法（二）》,簡帛網,2007 年 7 月 8 日。（董珊 2007B）

F

1. 范常喜：《戰國楚祭禱簡「蒿」之試解》，《古文字論集（三）》（《考古與文物》增刊），2005 年。（范常喜 2005）

2. 范常喜：《戰國楚祭禱簡「蒿之」、「百之」補議》，《中國歷史文物》2006 年第 5 期。

3. 范常喜：《新蔡楚簡「聑禱」即「○（從羽從能）禱」說》，簡帛網，2006 年 10 月 17 日。（范常喜 2006）

4. 馮華：《楚簡中的卜筮禱祠研究》，中國社會科學院歷史研究所博士後研究工作報告，2010 年。

5. 馮華：《卜筮簡研究綜述》，《中國史研究動態》，2012 年第 2 期。

6. 馮勝君：《戰國楚文字「黽」字用作「龜」字補議》，《漢字研究》第一輯，北京：學苑出版社，2005 年。

G

1. 高智：《〈包山楚簡文字〉校釋十四則》，《于省吾教授百年誕辰紀念文集》，長春：吉林大學出版社，1996 年。

2. 工藤元男：《從卜筮祭禱簡看「日書」的形成》，《郭店楚簡國際學術研討會論文集》，武漢：湖北人民出版社，2000 年。

3. 工藤元男：《楚文化圈所見卜筮祭禱習俗——以上博楚簡〈東大王泊旱〉為中心》，《簡帛》第一輯，上海：上海古籍出版社，2006 年。

4. 古敬恆：《〈望山楚簡〉劄記》，《徐州師範大學學報》，1998 年第 2 期。

5. 顧久幸：《沈縣和沈尹——兼論楚縣的性質》，《楚史論叢（初集）》，武漢：湖北人民出版社，1984 年。

6. 郭若愚：《戰國楚簡文字編》，上海：上海書畫出版社，1994 年。

H

1. 何浩：《文坪君的身分與昭氏的世系》，《江漢考古》1992 年第 3 期。

2. 何浩：《楚懷王前期令尹新證》，《江漢考古》，1993 年第 4 期。

3. 何琳儀：《長沙帛書通釋》，《江漢考古》1986 年第 1 期。

4. 何琳儀：《長沙銅量銘文補釋》，《江漢考古》1988 年第 4 期。

5. 何琳儀：《戰國文字通論》，北京：中華書局，1989 年。

6. 何琳儀：《包山楚簡選釋》，《江漢考古》1993 年第 4 期。（何琳儀 1993）

7. 何琳儀:《戰國古文字典》,北京:中華書局,1998 年。(何琳儀 1998)

8. 何琳儀:《楚王熊麗考》,《中國史研究》2000 年第 4 期。

9. 何琳儀:《戰國文字通論(訂補)》,南京:江蘇教育出版社,2003 年。

10. 何琳儀:《新蔡竹簡選釋》,《安徽大學學報》2004 年第 3 期。(何琳儀 2004)

11. 何幼琦:《論楚國之曆》,《江漢論壇》1985 年第 10 期。

12. 何幼琦:《論包山楚簡之曆》,《江漢論壇》1993 年第 11 期。

13. 河南省文物考古所:《信陽楚墓》,北京:文物出版社,1986 年。

14. 河南省文物考古所:《新蔡葛陵楚墓》,鄭州:大象出版社,2003 年。

15. 后德俊、史珞琳:《湖北荊門包山二號楚墓墓主死因初探》,《中華醫史雜誌》1994 第 3 期。(后德俊、史珞琳 1994)

16. 胡雅麗:《楚人宗教信仰芻議》,《江漢考古》2001 年第 3 期。(胡雅麗 2001)

17. 胡雅麗:《楚人卜筮概述》,《江漢考古》2002 年第 4 期。

18. 胡雅麗:《楚人祭祀鈎沉》,《楚文化研究論集》第五集,合肥:黃山書社,2003 年。(胡雅麗 2003)

19. 湖北省博物館:《曾侯乙墓》,北京:文物出版社,1989 年。

20. 湖北省荊沙鐵路考古隊:《包山楚墓》,北京:文物出版社,1991 年。

21. 湖北省荊沙鐵路考古隊:《包山楚簡》,北京:文物出版社,1991 年。(整理者 1991)

22. 湖北省荊州地區博物館:《江陵天星觀 1 號楚墓》,《考古學報》1982 年第 1 期。

23. 湖北省文物考古所:《江陵九店東周墓》,北京:科學出版社,1995 年。

24. 湖北省文物考古所:《江陵望山沙塚楚墓》,北京:文物出版社,1996 年。

25. 湖北省文物考古所、北京大學中文系:《望山楚簡》,北京:中華書局,1995 年。(整理者 1995)

26. 湖北省文物考古所、北京大學中文系:《九店楚簡》,北京:中華書局,2000 年。

27. 黃德寬:《新蔡楚簡「穴熊」及其相關問題》,南京大學中文系講座,2004 年 11 月 8 日。

28. 黃德寬:《古文字譜系疏證》,北京:商務印書館,2007 年。

29. 黃德寬:《新蔡葛陵楚簡所見「穴熊」及相關問題》,《古籍研究》2005 年卷下,合肥:安徽大學出版社,2005 年。

30. 黃浩波：《試說令尹子春即鄩公子春》，簡帛網，2011 年 10 月 27 日。

31. 黃人二：《戰國包山卜筮祝禱簡研究》，臺灣大學碩士學位論文，1996 年。

32. 黃尚明：《楚簡中祭祀用玉問題探索》，《楚文化研究論集》第十集，武漢：湖北美術出版社，2011 年。

33. 黃尚明：《楚簡筮數易卦再探》，《楚文化研究論集》第十一集，上海：上海古籍出版社，2015 年。

34. 黃文傑：《說色》，《古文字研究》第二十五輯，北京：中華書局，2004 年。（黃文傑 2004）

35. 黃錫全：《楚簡中的媸畬禮畬與空畬穴畬再議》，《簡帛研究二〇〇四》，桂林：廣西師範大學出版社，2006 年。

36. 黃錫全：《清華簡〈繫年〉「從門從戈」字簡議》，簡帛網，2011 年 12 月 23 日。

37. Harper, Donald. "Warring States Natural Philosophy and Occult Thought." *The Cambridge History of Ancient China: From the Origins of Civilization to 221 BC*. Cambridge: Cambridge University Press, 1999, 813-884.（包山 M2）

J

1. 賈連敏：《新蔡葛陵楚簡中的祭禱文書》，《華夏考古》2004 年第 3 期。

2. 賈連敏：《新蔡竹簡中楚先祖名》，《華學》第七輯，廣州：中山大學出版社，2004 年。

3. 賈連翔：《出土數字卦材料研究綜述》，《中國史研究動態》，2014 年第 4 期。

4. 蔣魯敬：《湖北荊州望山橋一號楚墓出土卜筮祭禱簡及墓葬年代初探》，《江漢考古》2017 年第 1 期。（蔣魯敬 2017）

5. 蔣瑞：《楚簡「大水」即水帝顓頊即〈離騷〉「高陽」考》，《湖北大學學報》2008 年第 3 期。（蔣瑞 2008）

6. 近藤浩之：《包山楚簡卜筮祭禱記錄與郭店楚簡中的〈易〉》，《郭店楚簡國際學術研討會論文集》，武漢：湖北人民出版社，2000 年。

7. 荊門市博物館：《郭店楚墓竹簡》，北京：文物出版社，1998 年。

8. 荊沙鐵路考古隊：《江陵秦家咀楚墓發掘簡報》，《江漢考古》1988 年第 2 期。

9. 荊州博物館：《湖北荊州望山橋一號楚墓發掘簡報》，《文物》2017 年第 2 期。

K

1. 柯鶴立：《從包山與望山兩墓占卜簡書中看楚人的內外思想》，「紀念商承祚先生百年誕辰暨中國古文字學國際學術研討會」論文，廣州，2002 年。

2. 柯鶴立：《試用清華簡〈筮法〉解讀包山占卜記錄中卦義》，「出土文獻與先秦經史國際學術研討會」論文，香港，2015 年 10 月 16～17 日。

3. 孔仲溫：《望山卜筮祭禱簡文字初考》，《第七屆中國文字學全國學術研討會論文集》，臺北：萬卷樓圖書公司，1996 年。

4. 孔仲溫：《再釋望山卜筮祭禱簡文字兼論其相關問題》，《第八屆中國文字學全國學術研討會論文集》，彰化師範大學國文系，1997 年。

5. 孔仲溫：《楚簡中有關祭禱的幾個固定字詞試釋》，《第三屆國際中國古文字學研討會論文集》，香港中文大學中國語言及文學系，1997 年。

L

1. 來國龍：《論楚卜筮祭禱簡中的若干問題》，「先秦文本與思想國際學術研討會」論文，臺北，2010 年。

2. 來國龍：《論楚卜筮祭禱簡中的「與禱」──兼說楚簡中的「冊告」和甲骨卜辭中的「�祭》，《簡帛》第六輯，上海：上海古籍出版社，2011 年。

3. 賴美：《從〈包山楚簡〉來看楚人的祖先祭祀群》，《廣州廣播電視大學學報》2014 年第 4 期。

4. 黎子耀：《包山竹簡楚祖先與周易的關係》，《杭州大學學報》1989 年第 2 期。

5. 李芳梅、劉洪濤：《郭店竹簡〈唐虞之道〉「溏」字考釋──兼論上博簡〈凡物流形〉和天星觀卜筮簡的「繫」字》，《簡帛》第二十五輯，上海：上海古籍出版社，2022 年。（李芳梅、劉洪濤 2022）

6. 李家浩：《包山楚簡所記楚先祖名及其相關問題》，《文史》總第四十二輯，北京：中華書局，1997 年。

7. 李家浩：《鄂君啟節銘文中的高丘》，《古文字研究》第二十二輯，北京：中華書局，2000 年。（李家浩 2000）

8. 李家浩:《包山祭禱簡研究》,《簡帛研究二〇〇一》,桂林:廣西師範大學出版社,2001 年。(李家浩 2001A)

9. 李家浩:《包山卜筮簡 218~219 號研究》,「長沙三國吳簡暨百年來簡帛發現與研究國際學術研討會」論文,長沙,2001 年。(李家浩 2001B)

10. 李家浩:《楚簡所記楚人祖先「鬻(嬇)熊」與「穴熊」為一人說——兼說上古音幽部與微、文二部音轉》,《文史》總第九十二期,北京:中華書局,2010 年。

11. 李家浩:《楚墓卜筮簡說辭中的「樂」「百」「贛」》,《出土文獻綜合研究集刊》第十輯,成都:巴蜀書社,2019 年。(李家浩 2019)

12. 李立、張玉新:《包山楚簡卜筮簡「高丘」在〈離騷〉、〈高唐賦〉「高丘」研究中的意義》,《古代文明》2011 年第 2 期。

13. 李零:《楚國族源、世襲的文字證明》,《文物》1991 年第 2 期。

14. 李零:《包山楚簡研究(占卜類)》,《中國典籍與文化論叢》第一輯,北京:中華書局,1993 年。(李零 1993)

15. 李零:《考古發現與神話傳說》,《學人》第五輯,南京:江蘇文藝出版社,1994 年。(李零 1994)

16. 李零:《「太一」「崇拜的考古研究》,《北京大學百年國學文粹·語言文獻卷》,北京:北京大學出版社,1998 年。

17. 李零:《讀〈楚系簡帛文字編〉》,《出土文獻研究》第五輯,北京:科學出版社,1999 年。(李零 1999)

18. 李零:《中國方術續考》,北京:東方出版社,2000 年。(李零 2000)

19. 李零:《中國方術考》(修訂本),北京:東方出版社,2001 年。(李零 2001)

20. 李守奎:《楚文字編》,吉林大學博士學位論文,1997 年。

21. 李守奎:《釋楚簡中的「惡」字——兼釋楚璽中的「弼」》,《簡帛研究二〇〇一》,桂林:廣西師範大學出版社,2001 年。

22. 李守奎:《楚文字編》,上海:華東師範大學出版社,2003 年。

23. 李守奎:《〈楚居〉中的楚先祖與楚族姓氏》,《出土文獻研究》第十輯,北京:中華書局,2011 年。

24. 李天虹:《嚴倉 1 號墓墓主、墓葬年代考》,《歷史研究》2014 年第 1 期。(2014 李天虹)

25. 李學勤:《論包山楚簡中一祖先名》,《文物》1988 年第 8 期。

26. 李學勤：《竹簡卜辭與商周甲骨》，《鄭州大學學報》，1989 年第 2 期。

27. 李學勤：《論戰國簡的卦畫》，《出土文獻研究》第六輯，上海：上海古籍出版社，2004 年。

28. 李學勤：《包山楚簡「郙」即巴國說》，《中國文化》2004 年第期。

29. 李學勤：《試說江陵天星觀、秦家嘴楚簡的紀年》，《簡帛研究二〇〇四》，桂林：廣西師範大學出版社，2006 年。（李學勤 2006）

30. 李學勤：《文物中的古文明》，北京：商務印書館，2008 年。（李學勤 2008）

31. 李學勤主編：《清華大學藏戰國竹簡（壹）》，上海：中西書局，2010 年。（整理者 2010）

32. 李學勤主編：《清華大學藏戰國竹簡（貳）》，上海：中西書局，2011 年。（整理者 2011）

33. 李宗焜：《數字卦與陰陽爻》，《「中央研究院」歷史語言研究所集刊》第 77 本第 2 分，「中央研究院」歷史語言研究所，2006 年。

34. 連劭名：《望山楚簡中的「習卜」》，《江漢論壇》1986 年第 11 期。

35. 連劭名：《包山簡所見楚地巫禱活動中的神靈》，《考古》2001 年第 6 期。（連劭名 2001）

36. 連劭名：《考古發現與先秦易學》，《周易研究》2003 年第 1 期。（連劭名 2003）

37. 梁韋弦：《關於數字卦與六十四卦符號體系之形成問題》，《周易研究》，2007 年第 1 期。

38. 林素清：《從包山楚簡紀年材料論楚曆》，《中國考古學與歷史學之整合研究》，「中央研究院」歷史語言研究所，1997 年。

39. 劉彬徽：《從包山楚簡紀時材料論及楚國紀年與楚曆》，《包山楚墓》附錄二十一，北京：文物出版社，1991 年。

40. 劉彬徽：《楚國紀年法簡論》，《江漢考古》1998 年第 2 期。

41. 劉彬徽：《楚國曆法的建正問題辯證》，「第一屆古文字與古代史學術研討會」論文，臺北，2006 年。

42. 劉奉光：《包山楚簡卜祝文學管窺》，《廣西社會科學》2003 年第 12 期。

43. 劉國勝：《楚簡文字雜識》，《奮發荊楚探索文明——湖北省文物考古研究論文集》，武漢：湖北科學技術出版社，2000 年。（劉國勝 2000）

44. 劉樂賢：《簡帛術數文獻探論》，武漢：湖北教育出版社，2003 年。

45. 劉信芳:《二天子為何神祇》,《中國文物報》1992 年 6 月 21 日。(劉信芳 1992A)

46. 劉信芳:《司中、司骨為何神》,《中國文物報》1992 年 7 月 26 日。

47. 劉信芳:《「漸木」之神》,《中國文物報》1992 年 10 月 18 日。(劉信芳 1992B)

48. 劉信芳:《包山楚簡神名與〈九歌〉神祇》,《文學遺產》1993 年第 5 期。(劉信芳 1993)

49. 劉信芳:《〈包山楚簡〉中的幾支楚公族試析》,《江漢論壇》,1995 年第 1 期。

50. 劉信芳:《包山楚簡近似之字辨析》,《考古與文物》1996 年第 2 期。(劉信芳 1996)

51. 劉信芳:《戰國楚曆譜復原研究》,《考古》1997 年第 11 期。(劉信芳 1997)

52. 劉信芳:《荊門郭店楚簡老子文字考釋》,《中國古文字研究》第一輯,長春,吉林大學出版社,1999 年。

53. 劉信芳:《包山楚簡解詁》,臺北:藝文印書館,2003 年。(劉信芳 2003)

54. 劉信芳:《楚簡「三楚先」、「楚先」、「荊王」以及相關祀禮》,《文史》總第七十三輯,北京:中華書局,2005 年。

55. 劉信芳:《楚系簡帛釋例》,合肥:安徽大學出版社,2011 年。(劉信芳 2011)

56. 劉玉堂、賈繼東:《楚人祭祀禮俗簡論》,《民俗研究》1997 年第 3 期。

57. 劉釗:《包山楚簡文字考釋》,「中國古文字研究會第九屆學術討論會」論文,南京,1992 年。(劉釗 1992)

58. 盧晨醒:《楚簡所見卜筮祭祀研究》,西南大學碩士學位論文,2014 年。

59. 羅寶珍:《戰國楚簡病症考釋五則》,「中醫經典文本及醫古文研究學術交流會」論文,烏魯木齊,2012 年 7 月 31 日。

60. 羅新慧:《楚簡「敓」字與「敓」祭試析》,《簡牘學研究》第四輯,蘭州:甘肅人民出版社,2004 年。

61. 羅新慧:《說新蔡楚簡「嬰之以兆玉」及其相關問題》,《文物》2005 年第 3 期。(羅新慧 2005)

62. 羅新慧:《釋新蔡楚簡「樂之,百之,贛之」及其相關問題》,《考古與文物》2008 年第 1 期。

63. 羅新慧：《戰國竹簡中的「敓」及其信仰觀念》，《北京師範大學學報》2011
年第 2 期。

64. 羅新慧：《卜筮祭禱簡與戰國時期的祖先崇拜》，「出土文獻與先秦經史國
際學術研討會」論文，香港，2015 年 10 月 16～17 日。

65. 呂亞虎：《出土簡帛資料所見出行巫術淺析》，《江漢論壇》2007 年第 11
期。

M

1. 馬承源主編：《上海博物館藏戰國楚竹書（一）》，上海：上海古籍出版社，
2001 年。

2. 馬承源主編：《上海博物館藏戰國楚竹書（二）》，上海：上海古籍出版社，
2002 年。

3. 馬承源主編：《上海博物館藏戰國楚竹書（三）》，上海：上海古籍出版社，
2003 年。

4. 馬承源主編：《上海博物館藏戰國楚竹書（四）》，上海：上海古籍出版社，
2004 年。

5. 馬承源主編：《上海博物館藏戰國楚竹書（五）》，上海：上海古籍出版社，
2005 年。

6. 馬承源主編：《上海博物館藏戰國楚竹書（六）》，上海：上海古籍出版社，
2007 年。

7. 馬承源主編：《上海博物館藏戰國楚竹書（七）》，上海：上海古籍出版社，
2008 年。

8. 馬承源主編：《上海博物館藏戰國楚竹書（八）》，上海：上海古籍出版社，
2011 年。

9. 馬驥：《戰國楚簡所見「賽」字小議》，《現代交際》2015 年第 2 期。

10. 孟蓬生：《〈楚居〉所見楚王「宵囂」之名音釋》，復旦大學出土文獻與古
文字研究中心網，2011 年 5 月 21 日。（孟蓬生 2011）

P

1. 龐光華：《「司敗」解》，《古漢語研究》2001 年第 3 期。

2. 彭浩：《包山二號墓卜筮和祭禱竹簡的初步研究》，《包山楚墓》附錄二十
三，北京：文物出版社，1991 年。（彭浩 1991）

Q

1. 淺原達郎：《望山一號墓竹簡の復原》,《中國の禮制と禮學》,京都：朋友書店,2001 年。

2. 裘錫圭：《釋戰國楚簡中的「𢀤」字》,《古文字研究》第二十六輯,北京：中華書局,2006 年。

3. 裘錫圭：《釋古文字中的有些「息」字和從「息」、從「兒」之字》,《出土文獻與古文字研究》第二輯,上海：復旦大學出版社,2008 年。

4. 裘錫圭：《說清華簡〈程寤〉篇的「𢼌」》,《出土文獻與古文字研究》第四輯,上海：復旦大學出版社,2011 年。

5. 裘錫圭、李家浩：《曾侯乙墓竹簡釋文與考釋》,《曾侯乙墓》附錄一,北京：文物出版社,1989 年。(裘錫圭、李家浩 1989)

R

1. 饒玉哲：《楚簡所見祭祀制度研究》,安徽大學碩士學位論文,2011 年。

2. 饒宗頤：《中文大學文物館藏建初四年「序寧病簡」與包山簡——論戰國、秦、漢解疾禱祠之諸神與古史人物》,《華夏文明與傳世藏書——中國國際漢學研討會論文集》,北京：中國社會科學出版社,1996 年。(饒宗頤 1996)

3. Raphals, Lisa A. *Divination and Prediction in Early China and Ancient Greece*. Cambridge: Cambridge University Press, 2013. (包山 M2)

S

1. 單育辰：《戰國卜筮簡「尚」的意義——兼說先秦典籍中的「尚」》,《中國文字》第三十四輯,臺北：藝文印書館,2009 年。

2. 單育辰：《楚地戰國簡帛與傳世文獻對讀之研究》,吉林大學博士學位論文,2010 年。

3. 商承祚：《戰國楚竹簡彙編》,濟南：齊魯書社,1995 年。(商承祚 1995)

4. 沈培：《周原甲骨文裏的「囟」和楚墓竹簡裏的「囟」或「思」》,《漢字研究》第一輯,北京：學苑出版社,2005 年。

5. 沈培：《從戰國楚簡看古人占卜的「蔽志」——兼論「移祟」說》,「第一屆古文字與古代史學術研討會」論文,臺北,2006 年。(沈培 2006)

6. 施謝捷：《楚簡文字中的「悚」字》，《古文字研究》第二十四輯，北京：
   中華書局，2002 年。

7. 史傑鵬：《包山楚簡研究四則》，《湖北民族學院學報》2005 年第 3 期。
   （史傑鵬 2005）

8. 史培爭、李立：《論包山楚簡「司命」與〈九歌〉「二司命」的聯繫》，《古
   籍整理研究學刊》2014 年第 2 期。

9. 史善剛：《數字卦與簡帛易》，《中州學刊》2005 年第 6 期。

10. 史善剛：《數字易卦與易經》，《齊魯學刊》2006 年第 6 期。

11. 睡虎地秦墓竹簡小組：《睡虎地秦墓竹簡》，北京：文物出版社，1990 年。

12. 宋華強：《楚墓竹簡中的「礜」字和「繯」字》，簡帛網 2004 年 6 月 13
    日。

13. 宋華強：《論楚簡中「卒歲」、「集歲」的不同》，簡帛研究網，2005 年 11
    月 20 日。

14. 宋華強：《論新蔡簡中的「卒歲」與「集歲」》，簡帛網，2005 年 12 月 7 日。

15. 宋華強：《〈離騷〉「三後」即新蔡楚簡「三楚先」說——兼論穴熊不屬於
    「三楚先」》，簡帛研究網，2005 年 3 月 4 日。

16. 宋華強：《新蔡簡「延」字及從「延」之字辨析》，簡帛網，2006 年 5 月
    3 日。

17. 宋華強：《試論平夜君成即平夜文君之子》，簡帛網，2006 年 5 月 17 日。

18. 宋華強：《新蔡簡與「速」義近之字及楚簡中相關諸字新考》，簡帛網，
    2006 年 7 月 31 日。

19. 宋華強：《論新蔡簡中的「百之」、「贛之」解》，簡帛網，2006 年 8 月 13
    日。（宋華強 2006A）

20. 宋華強：《楚簡數字卦的再討論（稿）》，簡帛網，2006 年 8 月 27 日。

21. 宋華強：《楚簡「龓禱」新釋》，簡帛研究網，2006 年 9 月 3 日。（宋華強
    2006B）

22. 宋華強：《楚簡神靈名三釋》，簡帛網，2006 年 12 月 17 日。（宋華強 2006C）

23. 宋華強：《楚簡中從「黽」從「甘」之字新考》，簡帛網，2006 年 12 月 30
    日。

24. 宋華強：《新蔡楚簡初步研究》，北京大學博士學位論文，2007 年。（宋華
    強 2007A）

25. 宋華強：《包山簡祭禱名「伏」小考》，簡帛網，2007 年 11 月 13 日。（宋華強 2007B）

26. 宋華強：《從楚簡「卒歲」的詞義談到戰國楚曆的歲首》，《古漢語研究》2009（4）。

27. 宋華強：《由楚簡「北子」「北宗」說到甲骨金文「丁宗」「啻宗」》，《簡帛》第四輯，上海：上海古籍出版社，2009 年。（宋華強 2009）

28. 宋華強：《楚簡祭禱動詞考釋二則》，《簡帛語言文字研究》第五輯，成都：巴蜀書社，2010 年。

29. 宋華強：《新蔡葛陵楚簡初探》，武漢：武漢大學出版社，2010 年。（宋華強 2010）

30. 宋有志：《湖北荊門嚴倉墓群 M1 發掘情況》，《江漢考古》2010 年第 1 期。

31. 蘇建洲：《望山楚簡「述瘥」考釋》，復旦大學出土文獻與古文字研究中心網站，2010 年 4 月 20 日。（蘇建洲 2010）

32. 蘇建洲：《〈葛陵楚簡〉甲三 324「函」字考釋》，《出土文獻與古文字研究》（第四輯），上海：上海古籍出版社，2011 年。（蘇建洲 2011）

33. 蘇建洲：《荊州唐維寺 M126 卜筮祭禱簡釋文補正》，《簡帛》，2021 年第 2 期。（蘇建洲 2021）

34. Shaughnessy, Edward L. *The Origin and Early Development of the Zhou Changes*. Leiden: Brill, 2022.（包山 M2）

T

1. 湯餘惠：《包山楚簡讀後記》，「中國古文字研究會第九屆學術研討會」論文，南京，1992 年。（湯餘惠 1992）

2. 湯餘惠：《戰國銘文選》，長春：吉林大學出版社，1993 年。（湯餘惠 1993）

3. 湯璋平：《從江陵楚墓竹簡看〈楚辭·九歌〉》，《出土文獻與〈楚辭·九歌〉》，北京：中國社會科學出版社，2004 年。（湯璋平 2004）

4. 滕壬生：《楚系簡帛文字編》，武漢：湖北教育出版社，1995 年。（滕壬生 1995）

5. 滕壬生：《楚系簡帛文字編（修訂本）》，武漢：湖北教育出版社，2008 年。（滕壬生 2008）

W

1. 王紅星：《包山楚簡所反映的楚國曆法問題——兼論楚曆沿革》，《包山楚墓》附錄二十，北京：文物出版社，1991 年。

2. 王紅星：《包山 2 號墓的年代與墓主》，《楚文化研究論集》第二集，武漢：湖北人民出版社，1991 年。

3. 王化平：《數字卦兩點思考》，《求索》2005 年第 12 期。

4. 王化平：《數字卦與〈周易〉》，《周易研究》，2009 年第 2 期。

5. 王化平：《〈左傳〉和〈國語〉之筮例與戰國楚簡數字卦畫的比較》，《考古》2011 年第 10 期。

6. 王凱博：《望山楚簡「欰」字釋義》，第一屆「出土文獻與中國古代史」青年學者工作坊論文，上海，2019 年。（王凱博 2019）

7. 王明欽：《湖北江陵天星觀楚簡的初步研究》，北京大學碩士學位論文，1989 年。（王明欽 1989）

8. 王寧：《楚簡中的「靈」與「天靈」補說》，復旦大學出土文獻與古文字研究中心網站，2013 年 1 月 27 日。

9. 王青：《門外釋夼》，《南京師範大學文學院學報》2004 年第 1 期。

10. 王瑞雪：《楚簡所見楚國卜筮祭禱研究》，西南大學碩士學位論文，2011 年。

11. 王勝利：《戰國楚年辯證》，《江漢考古》1988 年第 2 期。

12. 王勝利：《關於楚國曆法建正問題》，《中國史研究》1988 年第 2 期。

13. 王勝利：《再談楚國曆法的建正問題》，《文物》1990 年第 3 期。

14. 王勝利：《包山楚簡曆法芻議》，《江漢論壇》1997 年第 2 期。

15. 王穎：《包山楚簡詞彙研究》，廈門大學博士學位論文，2004 年。（王穎 2004）

16. 王澤強：《戰國楚墓出土竹簡所見神祇「大水」考釋》，《湖北教育學院學報》2005 年第 6 期。

17. 王志平：《「罷」字的讀音及相關問題》，《古文字研究》第二十七輯，北京：中華書局，2008 年。

18. 魏宜輝、周言：《再談新蔡楚簡中的「穴熊」》，簡帛研究網，2004 年 11 月 8 日。

19. 文炳淳：《包山楚簡所見楚官制研究》，臺灣大學碩士學位論文，1997 年。

20. 文炳淳:《包山楚簡官名補釋五則》,「第一屆出土文獻學術研討會」論文, 臺北,2000 年。

21. 巫雪如:《包山楚簡姓氏研究》,臺灣大學碩士學位論文,1996 年。

22. 吳良寶:《包山楚簡「夷陽」「鄖陽」考》,《古籍研究》2004 年卷下,合 肥:安徽大學出版社,2004 年。

23. 吳良寶:《包山楚簡釋地三篇》,簡帛網,2005 年 12 月 19 日。

24. 吳良寶:《平肩空首布「印」字考》,《中國錢幣》2006 年第 2 期。

25. 吳辛丑:《略談包山楚簡中「貞」、「占」二字的用法》,《語文月刊》1997 年第 8 期。

26. 吳郁芳:《包山二號墓墓主昭佗家譜考》,《江漢論壇》1992 年第 11 期。

27. 吳郁芳:《〈包山楚簡〉卜禱簡牘釋讀》,《考古與文物》1996 年第 2 期。 (吳郁芳 1996)

28. 吳勇:《從竹簡看所謂數字卦問題》,《周易研究》2006 年第 4 期。

29. 吳勇:《也談所謂「楚簡數字卦」問題》,《長江大學學報》2007 年第 5 期。

30. 吳振武:《范解楚簡「蒿(祭)之」與李解獄篔「夆燮馨香」》,「中國簡帛 學國際論壇」論文,臺北,2007 年。

31. 武家璧:《楚用亥正曆法的新證據》,《中國文物報》,1996 年 4 月 21 日。

32. 武家璧:《包山楚簡曆法新證》,《自然科學史研究》1997 年第 1 期。

33. 武家璧:《「悼滑救鄀」之歲与包山、望山楚墓的年代》,《楚文化研究論 集》第十一集,上海:上海古籍出版社,2015 年。

34. 武漢大學簡帛研究中心、湖北省文物考古研究所、黃岡市博物館編著: 《楚地出土戰國簡冊合集(四)》,北京:文物出版社,2019 年。

35. 武漢市文物考古研究所、武漢大學歷史學院簡帛研究中心:《湖北武漢丁 家咀 M1、M2 出土戰國竹簡》,《文物》2015 年第 6 期。

X

1. 夏含夷:《再論周原卜辭囟字與周代卜筮性質諸問題》,「中國簡帛學國際 論壇」論文,臺北,2007 年。

2. 夏渌:《讀包山楚簡偶記——「受賄」、「國帑」、「茅門不敗」等字詞新義》, 《江漢考古》1993 年第 2 期。(夏渌 1993)

3. 邢文:《早期筮占文獻的結構分析》,《文物》2002 年第 8 期。

4. 徐在國：《新蔡葛陵楚簡劄記（二）》，簡帛研究網，2003 年 12 月 17 日。
（徐在國 2003）

5. 徐在國：《新蔡葛陵楚簡劄記》，《新出楚簡文字考》，合肥：安徽大學出版社，2007 年。

6. 徐在國：《楚帛書「厭」字輯考》，「饒宗頤教授九十華誕國際學術研討會」論文，香港，2006 年。

7. 徐在國：《談楚帛書讀「厭」之字》，《華學》第九、十輯，上海，上海古籍出版社，2008 年。

8. 許道勝：《包山二號楚墓竹簡卦畫初探》，《楚文化研究論集》第四集，鄭州：河南人民出版社，1994 年。

9. 許道勝：《天星觀 1 號楚墓卜筮禱祠簡釋文校正》，《湖南大學學報》，2008年第 3 期。（許道勝 2008）

10. 許學仁：《包山楚簡所見之楚先公先王考》，《魯實先生學術討論會論文集》，臺北，萬卷樓圖書公司，1993 年。

11. 許學仁：《戰國楚墓〈卜筮〉類竹簡所見「數字卦」》，《中國文字》新十七期，臺北：藝文印書館，1993 年。

12. 禤健聰：《釋楚文字的「龜」和「礜」》，《考古與文物》2010 年第 4 期。

Y

1. 顏世鉉：《說「罷」和「羆」在楚簡中的讀法及其對古書的校讀》，「香港中文大學中國語言及文學系五十週年系慶活動——承繼與拓新：漢語語言文字學國際研討會」論文，香港，2012 年 12 月 17～18 日。

2. 晏昌貴：《秦家咀「卜筮祭禱」簡釋文輯校》，《湖北大學學報》（哲學社會科學版）2005 年第 1 期。（晏昌貴 2005A）

3. 晏昌貴：《天星觀「卜筮祭禱」簡釋文輯校》，《楚地簡帛思想研究（二）》，武漢：湖北教育出版社，2005 年。（晏昌貴 2005B）

4. 晏昌貴：《楚簡所見諸司神考》，《江漢論壇》2006 年第 9 期。

5. 晏昌貴：《楚卜筮簡所見神靈雜考（五則）》，《簡帛》第一輯，上海：上海古籍出版社，2006 年。（晏昌貴 2006）

6. 晏昌貴：《楚卜筮簡所見地祇考》，《石泉先生九十誕辰紀念文集》，武漢：湖北人民出版社，2007 年。

7. 晏昌貴：《楚卜筮祭禱簡的文本結構與性質》，《楚文化研究論集》第七集，長沙：嶽麓書社，2007 年。

8. 晏昌貴：《巫鬼與淫祀——楚簡所見方術宗教考》，武漢：武漢大學出版社，2010 年。

9. 楊華：《「五祀」祭禱與楚漢文化的繼承》，《江漢論壇》2004 年第 9 期。

10. 楊華：《新蔡簡所見楚地祭禱禮儀二則》，《楚地簡帛思想研究》第二輯，武漢：湖北教育出版社，2005 年。（楊華 2005）

11. 楊華：《楚簡中的諸「司」及其經學意義》，簡帛網，2006 年 4 月 26 日。

12. 楊華：《新蔡祭禱簡中的兩個問題》，「中國簡帛學國際論壇」論文，武漢，2006 年。（楊華 2006）

13. 楊華：《楚地水神研究》，《江漢論壇》2007 年第 8 期。

14. 楊華：《楚簡中「上下」與「內外」——兼論楚人祭禮中的神靈分類問題》，《簡帛》第四輯，上海：上海古籍出版社，2009 年。

15. 葉桂桐、葉茜：《楚人神系及「雲中君」神主、神格之演變——包山楚簡神祇考釋》，《魯東大學學報》2012 年第 5 期。

16. 于成龍：《包山楚簡中若干制度問題的探討》，北京大學碩士學位論文，1997 年。（于成龍 1997）

17. 于成龍：《包山二號楚墓卜筮簡中若干問題的探討》，《出土文獻研究》第五集，北京：科學出版社，1999 年。

18. 于成龍：《楚禮新證——楚簡中的紀時、卜筮與祭禱》，北京大學博士學位論文，2004 年。（于成龍 2004）

19. 于成龍：《戰國楚卜筮祈禱簡中的「五祀」》，《故宮博物院院刊》2009 年第 2 期。

20. 于茀：《包山楚簡中的數字卦》，《北方論叢》2005 年第 2 期。

21. 于茀：《戰國簡卦畫問題再探討》，《北方論叢》2008 年第 2 期。

22. 袁國華：《楚簡疾病及相關問題初探——以包山楚簡、望山楚簡為例》，「中央研究院歷史語言研究所九十二年度第十九次講論會」論文，臺北，2003 年。（袁國華 2003）

23. 袁金平：《新蔡葛陵楚簡字詞研究》，安徽大學博士學位論文，2007 年。（袁金平 2007）

Z

1. 臧克和:《釋「以其古效之」——兼及戰國楚簡禱祠的結構意義》,《古漢語研究》2008 年第 4 期。

2. 曾憲通:《包山卜筮簡考釋(七篇)》,《第二屆國際中國古文字學研討會論文集》,香港中文大學中國語言及文學系,1993 年。(曾憲通 1993)

3. 張崇禮:《釋「閔」》,復旦大學出土文獻與古文字研究中心網,2013 年 1 月 27 日。

4. 張富海:《楚先「穴熊」、「鬻熊」考辯》,《簡帛》第五輯,上海:上海古籍出版社,2010 年。

5. 張恆蔚:《包山楚簡卜筮祭禱記錄研究》,「第十七屆中部地區中文研究生論文研討會」論文,彰化,1999 年。

6. 張朋:《數字卦與占筮——考古發現中的筮法及相關問題》,《周易研究》2007 年第 4 期。

7. 張新俊:《新蔡葛陵楚墓竹簡文字補正》,《中原文物》2005 年第 4 期。

8. 張竹邦:《包山楚簡曆法芻議》,《雲南史志》1997 年第 2 期。

9. 趙曉斌:《荊州棗林鋪楚墓出土卜筮祭禱簡》,《簡帛》十九輯,上海:上海古籍出版社 2019 年。(趙曉斌 2019)

10. 趙曉斌:《荊州棗林鋪彭家灣 183 號、264 號楚墓出土卜筮祭禱簡》,《出土文獻》2022 年第 1 期。(趙曉斌 2022)

11. 鄭偉:《釋「罷」》,簡帛研究網,2006 年 2 月 25 日。

12. 鄭偉:《古代楚方言「罷」字的來源》,《中國語文》2007 年第 4 期。

13. 周鳳五:《包山楚簡考釋》,「中國古文字研究會第九屆學術研討會」論文,南京,1992 年。(周鳳五 1992)

14. 周聖堃:《戰國楚簡所見疾病的預防與治療研究》,西南大學碩士學位論文,2012 年。

15. 朱曉雪:《楚國卜筮祭禱簡文字補釋》,《古文字研究》第三十三輯,北京:中華書局,2020 年。

16. 朱曉雪:《秦家嘴楚簡釋文校理》,《出土文獻研究》第十九輯,上海:中西書局,2020 年。

17. 朱曉雪:《楚卜筮祭禱簡補釋四則》,《中國國家博物館館刊》,2021 年第 9 期。